精密復元イラストでわかった名城のヒミツ

イラスト 香川元太郎

監修 小和田哲男

宝島社

まえがき

いまは失われてしまった名城・堅城
精密に復元したイラストから、
城の本質を探る

金沢城橋爪門　橋爪門橋　橋爪門続櫓　木橋を渡ると橋爪門がある。その内側は枡形虎口となっており、さらに巨大な橋爪門二の門が待ち構えている。（写真・望月昭明）

江戸時代、一国一城の制度により、基本的には一つの藩に一つの城（小藩では陣屋、大藩で特に許された場合にのみ支城を許可）ということになり、それまで無数にあった城のほとんどは破却され、その姿を消している。戦いのために築かれた山城、他国との領界の砦。無数の城が廃城となった。

日本に、これまでいくつの城が築かれたか正確な統計はない。砦、短期的な陣城を含めれば、少なくとも数万。それらのほとんどは、今はもう存在していない。江戸時代を生き抜いた城も、明治維新以降ほとんどが破壊され、今も城としての姿をとどめているのは、ほんの数えるほどである。

保存状態の良いことで知られる姫路城や彦根城、松山城なども、残されているのは主郭・本丸を中心とした部分のみで、城全体の構造としてはごく一部に過ぎない。

すでにほとんどが失われた日本の城郭ではあるが、本書では、その姿を精密に再現・復元したイラストにより、その城の本質、城の価値に迫ることにした。天守を城と勘違いしている方もおられるようであるが、天守は城のごく一部、一つの部品でしかない。城の本質はその地形と、地形を利用した縄張にこそ表れる。イラストで再現された城郭の本質を、じっくりと味わっていただきたい。

編集部

山中城障子堀　北条氏は小田原城を含め、この障子堀を多用している。(写真・望月昭明)

江戸城 寛永期天守断面　江戸城寛永期天守は、柱を描いた立面図もあり、内部構造も概ねわかっている。外観と同じ5階建て（地下を含めて6階）のシンプルな構造だが、各階の天井が非常に高い。当時、世界最大の木造建築だったと思われる。(画・香川元太郎　初出・1997年　世界文化社　『日本の城』)

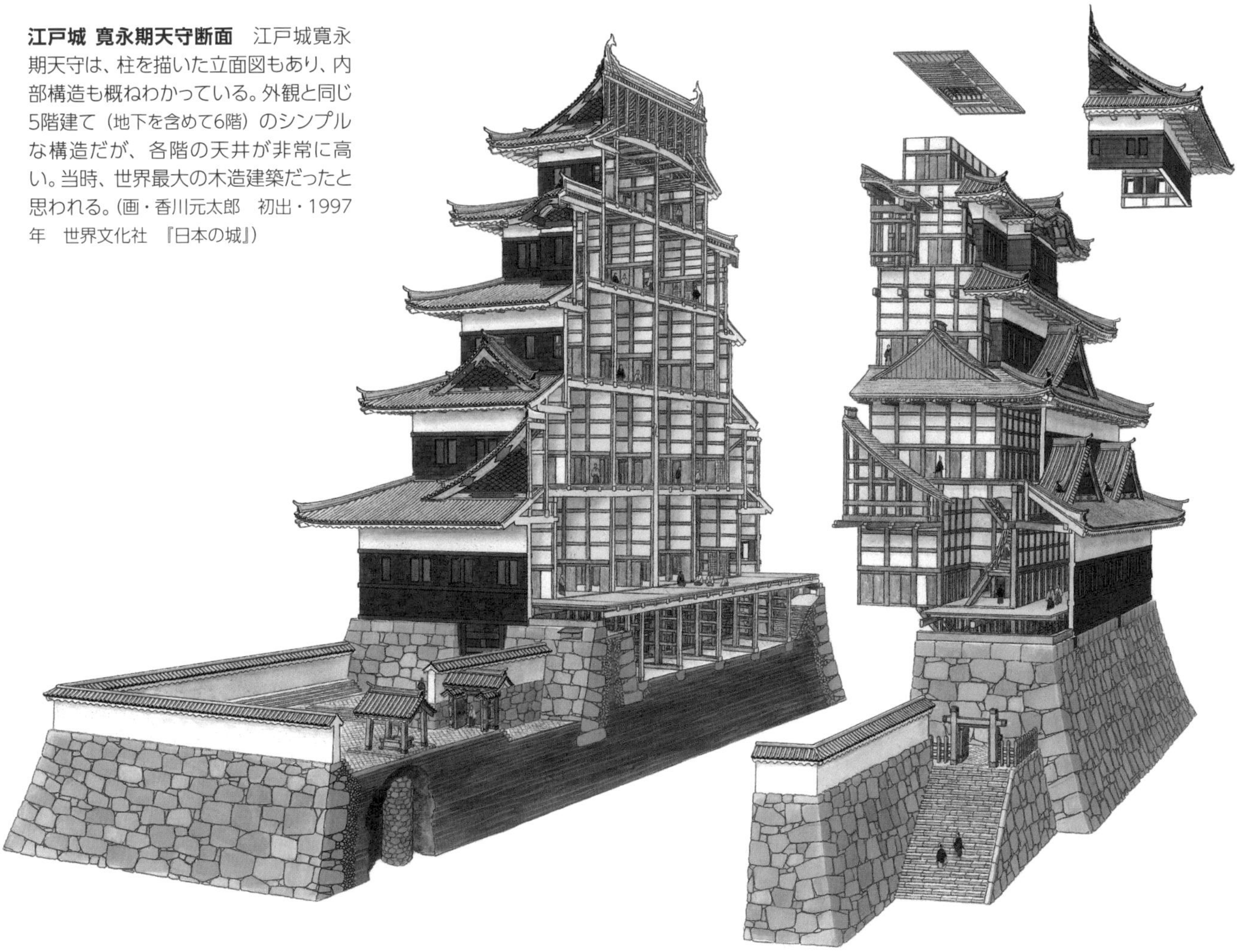

精密復元イラストでわかった名城のヒミツ　目次

第一章　北海道・東北の名城のヒミツ

第二章　北陸・甲信越の名城のヒミツ

第三章 関東の名城のヒミツ

第四章 東海・近畿の名城のヒミツ

第五章 中国・四国・九州の名城のヒミツ

第一章

北海道・東北の名城のヒミツ

仙台城・本丸御殿（香川元太郎）

蝦夷地防衛のために築かれた最後の和式城郭

海防の城 松前城（福山城）

複数の砲台を設置した海防のための和洋折衷の城。戊辰戦争で旧幕府軍の土方歳三らに攻め落とされた理由とは？

所在地	北海道松前郡
築城者	松前崇広
築城年	安政元年（1854）完成
特徴・歴史	海防強化のため幕府の命で築かれた、砲台を複数設置した和洋折衷の城。海上の艦船との戦闘を前提とし、陸上の防御力に劣る。

松前城　幕末に造られた最後の日本式築城であるが、砲台を複数設置した和洋折衷の構造をしている。（画・香川元太郎　考証・永田富智　初出・1999年『歴史群像シリーズ58　土方歳三』）

松前氏の蝦夷地支配と蝦夷地の召し上げ

徳川家康より蝦夷地支配を許された松前氏であるが、北方の蝦夷地では稲作ができないため、松前藩は一万石格の扱いであった。そのため城持ちは許可されず、その居館は城ではなく陣屋扱いであった。

寛政11年（1799）、ロシアの南下を恐れた幕府は、蝦夷地の直轄化を画策。松前藩から蝦夷地支配権をとり上げ、陸奥国伊達郡梁川に移封するも、9代藩主松前章広が幕閣に莫大な賄賂を贈って復帰運動を行い、文政4年（1821）蝦夷地復領を許されている。

幕末になると、蝦夷地はロシアとの最前線の土地として再び注目され、幕府は蝦夷地防衛力の強化を計画し、松前藩を無城格から三万石の城持ち大名とし、嘉永2年（1849）に新規築城を命じ、高崎藩の兵学者・市川一学による縄張で松前城は築かれた。

こうして築かれた松前城は、日本式の城郭としては最後に築かれた城であるが、各所に西洋式の新しい技法も取り入れられているため、和洋折衷の城とも呼ばれている。

城地は福山館の南のなだらかで幅広い半島状台地の突端部を利用し、海に向かって下がっていく階郭式の縄張が特徴的な城であった。

海方向に向けて設置された三の丸は、帯のような形の砲台陣地として築造され、7基の砲台が海に向け備えられていた。また、それ以外にも複数の台場が海岸近くに築かれ、同城が海防を目的として築かれたことが構造から一目瞭然である。

旧幕府軍との戦闘で後方からの攻撃で落城

戊辰戦争では松前藩は新政府側に立ち、松前城は異国船を敵とするのではなく、築城を命じたはずの旧幕府軍と戦う（松前戦争）ことになる。

旧幕府軍は、城の東方の法華寺に大砲を運びいれ、海上の幕府軍艦回天、蟠竜からの艦砲とともに城を砲撃。城の正面より彰義隊を中心とした部隊が

福山城（松前城）　図面から、南側との戦闘が重視されていることが理解できる。（『日本城郭史資料』陸軍築城部本部編より　国立国会図書館蔵）

城門を攻め、松前藩兵の注意を引きつけた。その間に、守衛新選組と陸軍隊を率いた土方歳三が城の裏手より石垣を登って城内に侵入。背後より銃撃を受けた松前藩兵は潰走し、松前城はわずか数時間で落ちている。

海上の艦船に備えての城として築かれていたので陸戦を想定していなかったためあっけなく落城したが、これは設計した市川一学の責任ではない。一学は同地では有効な城は築けないと主張し、函館山を城地とする計画を提案していたが予算的に厳しく、松前藩の抵抗もあり、陣屋であった福山館を大規模拡張することになったという。

津軽氏の威光を奥州に示す

奥州の巨城 弘前城

奥州にいながらにして天下の趨勢を見極めた津軽氏。なぜ、端正で優美なみちのくの名城は残ったのか。

津軽氏が威信をかけて築いた奥州の巨大城郭

弘前城は、弘前4万7千石を領する津軽為信の居城である。為信の出自は大浦氏、または久慈氏であったとされる。為信は、奥州に勢力を広げていた南部氏に属していたが、豊臣秀吉の小田原攻めに参陣し、秀吉より所領を安堵されると独立し、このとき津軽と名をあらためた。

関ヶ原の戦いでは東軍に属し、2千の兵をはるばる美濃にまで進め、大垣城攻めに参加している。

中央から離れた奥州にいながら的確な判断ができたのは、津軽為信の類まれなる情報収集能力の結果と思われる。良港で知られる十三湊は日本海経由で山陰・九州にまでつながり、津軽家に富と情報をもたらした。為信の判断力の高さは、その情報の正確さが担保していたのであろう。

為信の思いとともに信枚が築城を継承

慶長8年（1603）為信は幕府に

所在地 青森県弘前市
築城者 津軽為信・信枚
築城年 慶長16年（1611）
特徴・歴史 津軽藩4万7千石の城。所領の石高と不釣り合いなほどの大規模な城である。家康の信頼と津軽氏の豊かな財力がその背景にある。

弘前城 東西612メートル、南北947メートルに及ぶ規模は、5万石に満たない大名の城としては破格である。（画・香川元太郎 初出・2003年 PHP研究所『名城を歩く』6）

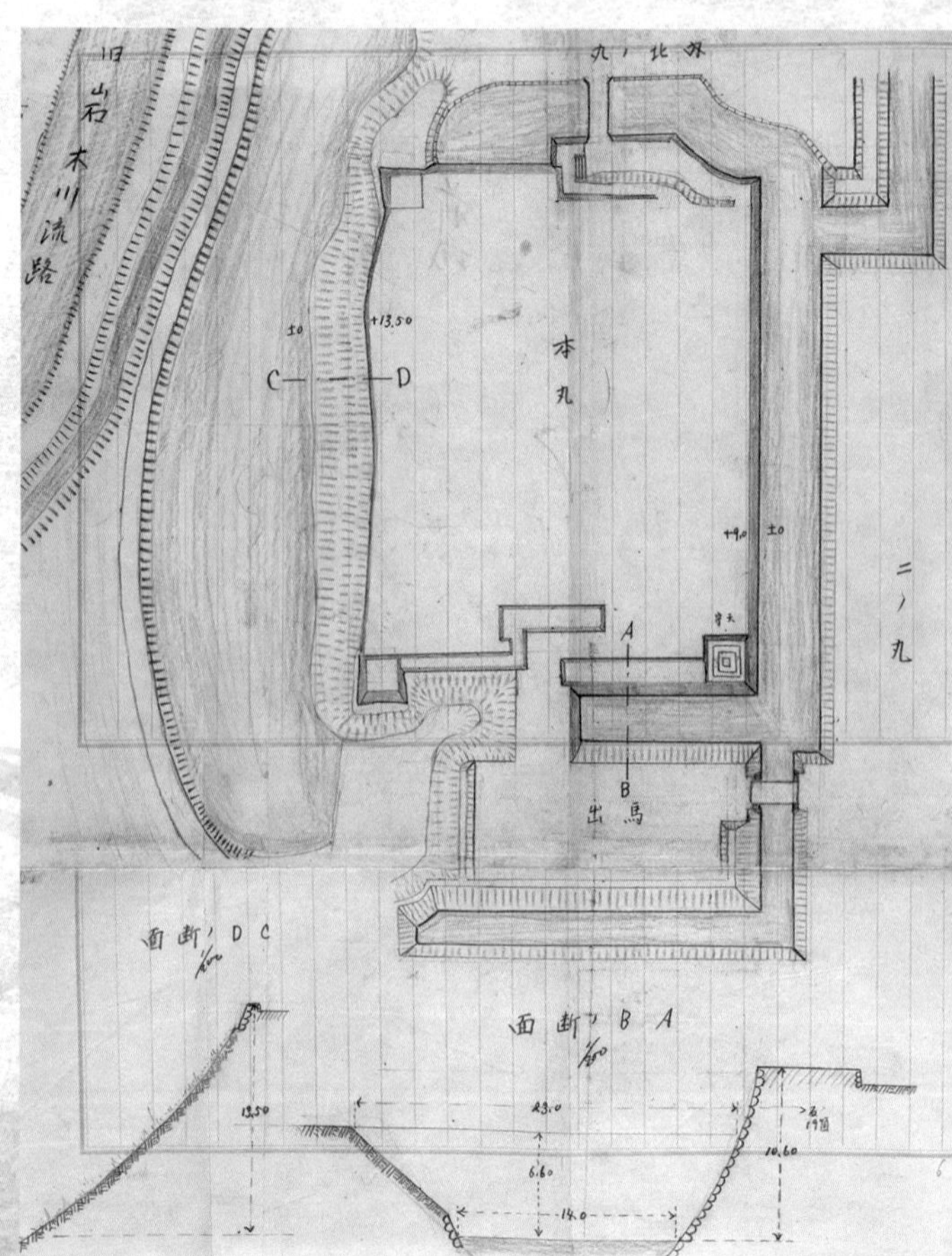

弘前城本丸 本丸南側の方形の馬出が特徴的。左下の断面図は、本丸西側の斜面の陸軍による実測図。きつい傾斜が実感できる。（『日本城郭史資料』陸軍築城部本部 編より 国立国会図書館蔵）

築城を願い出る。為信は、家康の養女・満天姫を三男の信枚の正室に迎えていることで譜代に準じた扱いを受けていたが、この時も異例な規模での築城を許された。しかし、為信は慶長12年（1607）に死去し、その意思は家督を継いだ信枚に受け継がれることとなる。信枚は慶長14年（1609）より築城を再開し、幕府の協力を得て、慶長16年（1611）に城は完成。

築城時には、本丸の西南隅に五層の天守がその威容を誇っていたが、寛永4年（1627）、雷が原因で出火し、またたくまに燃え落ちたという。

文化7年（1810）、弘前藩が10万石に加増されたことを記念し、本丸東南隅櫓を解体新造して三層の天守が築かれた。現在は、独立式層塔型3層3階の小ぶりの天守となっているが、明治29年（1896）ごろまでは、多門櫓や大型の建物とつながり、なかなかに重厚な天守であったようだ。

方形の馬出曲輪や土塁の多用から、北条流の築城技術の影響が推測される。為信の軍師である北条流の軍学者沼田面松斎の影響であろうか。

幕末には、藩祖為信に倣ったかのように時代を先読みし、奥羽越列藩同盟から素早く脱退。おかげで弘前城は戦火に遭うことなく、現在までその旧状をきれいな形で残している。

奥州には珍しい石垣の城

南部武士の誇り 盛岡城

縄張は豊臣家の重臣、浅野長政が担当したといわれる。見事な石垣は豊臣流の築城術のたまものか。

所在地	岩手県盛岡市
築城者	南部信直・利直
築城年	寛永10年（1633）
特徴・歴史	奥州では珍しい石垣を多用した城。川の中州にあるため、氾濫での被害を幾度も受けたことで、築城工事が長期にわたった。

家督相続の争いの末 信直が南部家を相続

高石垣の見事な盛岡城は、奥州南部氏盛岡藩の政庁である。

築城を開始したのは南部氏第26代当主で盛岡藩の藩祖とされる南部信直。

城地は、北上川と中津川の合流地点の丘陵上。築城を開始した時期は、天正20年（1592）、文禄2年（1593）、慶長3年（1598）と諸説あるが、豊臣秀吉の存命中であったことは間違いがないようだ。

秀吉による天正20年の朝鮮出兵では、信直は肥前名護屋城に参陣しているのだが、遠隔地であることを理由に渡海することなく国許への帰国を許されている。これは、奥州の伊達政宗を牽制するためであったとされるが、この時期に本格的に築城を開始したと考えるのが合理的であろう。

信直の帰国直後に築城を開始したとすれば、天正20年か、翌年の文禄2年となる（文禄元年は天正20年の年）。

豊臣流の縄張と築城術で築かれた石垣の城

縄張は、豊臣家の重臣である浅野長政が担当したといわれている。長政は、大津城や甲府城の築城に関わっている築城の名手である。今に残る盛岡城の石垣は、その豊臣流の築城術の見事さを今に伝えている。

南部家は、石高でいえば10万石ほどであるが、実収はかなり高かったようだ。さらに、複数の金山からの産金が南部氏の財政を支えていた。

東北には珍しく、巨大な石垣により築かれた盛岡城は、豊かな経済力と、さらには伊達政宗を警戒する秀吉の手助けがあってのものと考えられる。

豊臣秀吉の死後、南部信直は家康に接近。信直は、関ヶ原の戦いの前年の慶長4年（1599）に、盛岡城の完成を見ることなく死去。家督は嫡子の利直が継ぎ、関ヶ原の戦いでは東軍として戦い、所領を安堵されている。

その後も、北上川と中津川の氾濫に苦しめられながらも盛岡城の工事は続けられ、完成を見たのは工事開始から

中津川

盛岡城　北上川と中津川に挟まれた中州に築かれた盛岡城。石垣は、川の氾濫への備えでもあった。（画・香川元太郎　初出・1997年　世界文化社　『日本の城』）

盛岡城の石垣　しっかりと組まれた石垣が、技術力の高さを今に伝えている。（写真・望月昭明）

40年近くが経過した寛永年間であった。以来、南部家の居城として用いられ、城下町盛岡は東北有数の商都として栄えることになる。

米沢城下　30万石の城としては規模が小さな米沢城であるが、河川を巧みに用いることで、防御力を高めている。（画・香川元太郎　監修・小野 榮　初出・2007年　朝日ビジュアルシリーズ『週刊藤沢周平の世界 24』）

120万石の上杉家が30万石で米沢に入封

質素倹約の城　米沢城

輪郭式の小さな城の周囲に夥しい数の家臣たちの屋敷。生き残りをかけた上杉主従の団結と信頼の証！

所在地	山形県米沢市
築城者	大江（長井）時広
築城年	暦仁元年（1238）
特徴・歴史	上杉家は、関ヶ原の後、会津120万石から米沢30万石へと大幅減封。城の改修を行うも、予算がないため質素な城として完成。

関ヶ原敗戦後の上杉家が米沢城に入る

米沢城を最初に築いたのは、鎌倉幕府創業の功臣である大江広元の次男・時広である。暦仁元年（1238）、時広が長井荘の地頭として同地に入部した後、拠点として館を築いたのが最初とされる。

時広は長井氏を称し、8代150年この地を支配したが、伊達氏の侵攻を受けて滅び、米沢城は伊達氏が支配することになる。

豊臣秀吉の小田原攻めで政宗が遅参すると、秀吉は政宗から米沢を召し上げ、蒲生氏郷に与えている。慶長2年（1597）、氏郷の子、秀行が宇都宮へ移封されると、越後の上杉景勝が会津で120万石を与えられて入封し、米沢城には景勝の家臣の直江兼続が入っている。このとき、兼続には30万石という破格の所領が与えられ、諸将を驚かせた。

豊臣秀吉の死後、政権内での影響力を高めた徳川家康は、家康に従わない会津の上杉景勝討伐を決定する。

これが引き金となり、戦いは関ヶ原の合戦へと発展する。西国で石田三成ら西軍が敗北すると景勝も敗者となり、会津120万石から米沢30万石へと大幅な減封を受けることになる。

家臣を見捨てず藩全体で貧しさを甘受

景勝は家臣を召し放ち（解雇）とせず、家臣も主家を見捨てずほとんどがそのまま残ったため、これ以降上杉家主従は貧困に苦しむことになる。

米沢城に大規模な改修が行われたのは慶長9年（1604）、米沢入封から3年の後であった。上杉景勝は、築城よりもまずは家臣・領民の暮らしを優先し、城は後回しにしたのである。

米沢城は小規模で天守もなく、石垣も採用されずに板塀に土塁とても質素なつくりであったが、河川をうまく利用した輪郭式の、それなりに堅固な城として完成した。城の規模の割に、周囲に異常に多くの屋敷地があるのは、減封されても家臣の数を減らさなかったためである。米沢城の城下町の広がりは、上杉家主従の結束と絆が築いた、独特の光景であるといえるだろう。

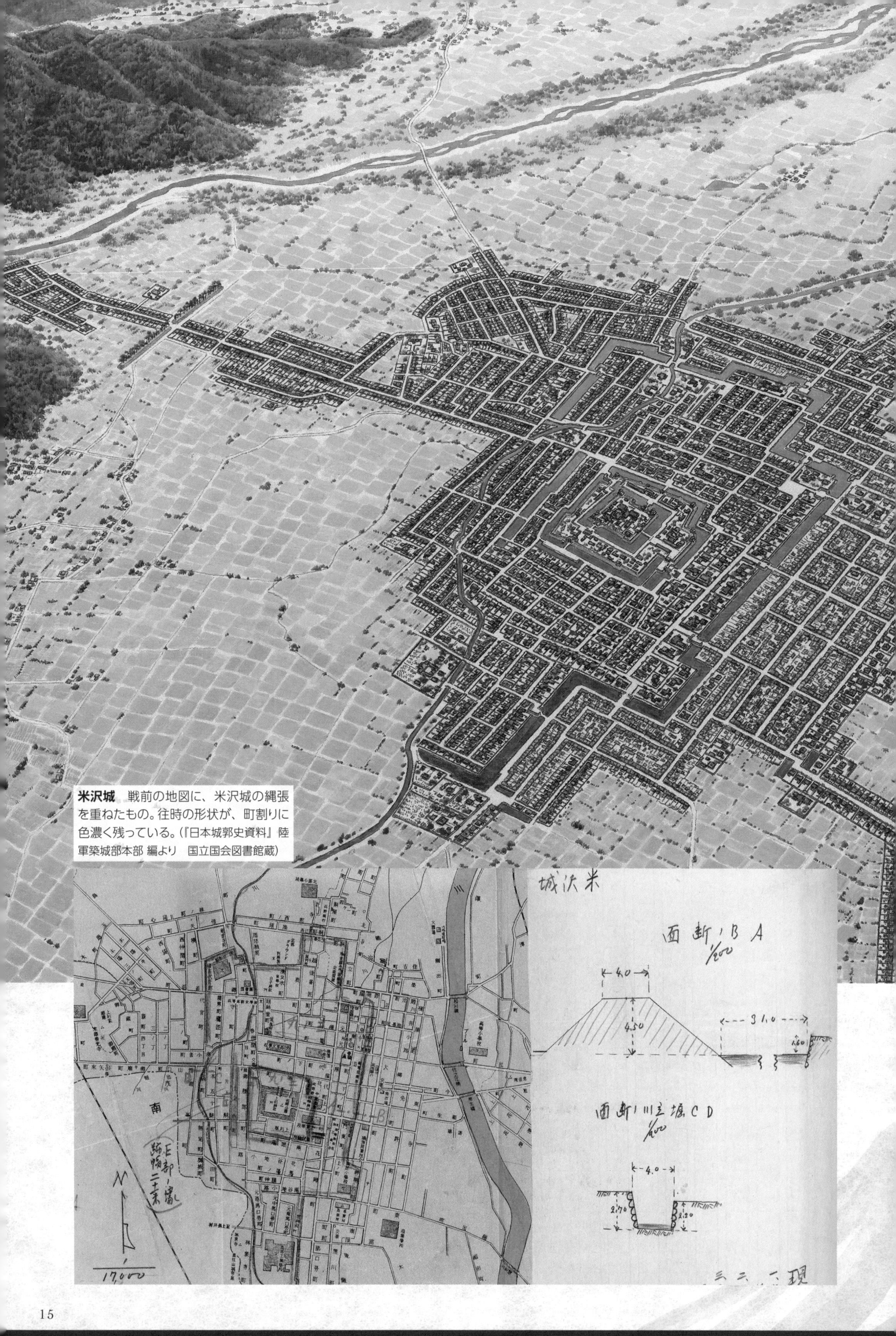

米沢城　戦前の地図に、米沢城の縄張を重ねたもの。往時の形状が、町割りに色濃く残っている。(『日本城郭史資料』陸軍築城部本部 編より　国立国会図書館蔵)

朝廷による奥州支配のための最重要拠点

陸奥国府 多賀城

奈良時代から南北朝時代まで、陸奥国府や鎮守府が置かれ奥州の政治・軍事・文化の中心として栄えたが……。

所在地	宮城県多賀城市
築城者	大野東人
築城年	神亀元年（724）
特徴・歴史	奈良の平城京が都であった時代、奥州支配を求める朝廷が軍事・政治拠点として築かせた城。その後も奥州支配の要として機能した。

多賀城政庁　多賀城のほぼ中央に位置し、東西103メートル、南北116メートルの方形。築地塀で囲われていた。

多賀城鳥瞰　奈良・平安時代、朝廷は奥州に権力を伸ばしていったが、その過程で設けた城を「城柵」と呼ぶ。多賀城は朝廷の東北進出の初期に拠点とされた城柵である。広い範囲で外壁をめぐらせ中央に政庁が置かれていた。（画・香川元太郎　初出・1996年　世界文化社『日本の城』）

歌に詠まれた壺の石文が眠る多賀城

むつのくのおくゆかしくぞ思ほゆるつぼのいしぶみ外の浜風（西行）

陸奥のいはでしのぶはえぞ知らぬ書きつくしてよ壺の石文（源頼朝）

思ふこといなみちのくのえぞいはぬ壺の石文かきつくさねば（慈円）

多くの文人・武人・貴族が壺の碑を歌に詠んでいるが、「つぼのいしふみ・壺の碑、坪の石文」とは、坂上田村麻呂が大きな石に、矢の矢尻で日本の中央である旨を刻んだとされるもの。

この壺の碑、平安時代にはすでにどこにあるのか不明になっていたのだが、江戸時代になり、多賀城跡近くで発見された石碑（多賀城碑）が壺の碑であるとされ、大きな話題となった。松尾芭蕉はわざわざ見学に赴き、その感動に絶句し、歌を詠むことができなかったと言われている。なお、これが実際に壺の碑であるかについては、かなり疑念が残るというのが実態である。

軍事拠点として築かれたが、防御能力は高くなかった

松島丘陵の南東部の塩釜丘陵上にある多賀城は、畿内の中央政権が、「奥州・蝦夷」侵略のための軍事拠点として築いた城で、神亀元年（724）に大野東人が最初に築いたとされる。762年に藤原朝狩により再整備されているが、発見された石碑の年代はこの時代に合致する。

多賀城が築かれると陸奥国府も移され、さらに鎮守府が設置された。

多賀城の中央部に政庁や寺院、蔵などを建設し、その周囲の広大な範囲を城柵で囲み、さらにはいくつもの櫓で防御力を強化している。外郭は東西900メートル、東側南北辺1050メートル、西側南北辺660メートルの

外郭西門　虎口（出入口）は、左右から横矢をかけられる構造をしており、防御力を高めている。

台形で、周囲には、高さ5メートル、幅2・3メートルほどの築地・土塀を巡らせていたが、城としての防御能力は、それほど高くはなかった。

宝亀11年（780）に発生した反乱では、城内の官員は抵抗を見せずに多賀城を放棄し逃走している。反乱軍もまた、倉庫の物品を略奪した後に占拠せず放火して立ち去っているので、防御拠点としては当時としても高くは評価されていなかったのであろう。

延暦21年（802）坂上田村麻呂が蝦夷討伐戦を行い、戦線を進めて鎮守府も胆沢城（岩手県奥州市）に移し、

東奥州宮城郡市川邑多賀城址壺碑全圖

自碣首至地上六尺五分 石圍九尺六寸分 石基九尺三寸七分 石體三稜

一尺

西

多賀城 去京一千五百里
去蝦夷国界一百廿里
去常陸国界四百十二里
去下野国界二百七十四里
去靺鞨国界三千里
此城神亀元年歳次甲子按察使兼鎮守將
軍從四位上勲四等大野朝臣東人之所置
也天平寶字六年歳次壬寅參議東海東山
節度使從四位上仁部省卿兼按察使鎮守
將軍藤原惠美朝臣朝獦修造也
天平寶字六年十二月一日

至下四尺五分

一尺

多賀城の城壁と櫓　城柵の城壁は、乾いた地面では版築の築地、湿地では材木塀を使う例が多い。築地には瓦屋根をかけ、所によって舞台状の櫓もあったと推定されている。（画・香川元太郎　初出・1996年世界文化社『日本の城』）

多賀城碑覆屋　外郭南門跡北東に位置する。この中に多賀城碑が安置されている。（写真・望月昭明）

多賀城壺碑全図　江戸時代に発見され、「壺の碑・つぼのいしふみ」ではないかと話題となった石碑に刻まれている文字。（『多賀古城壷碑考』　著者・弘齋平信恕 識　国立国会図書館蔵）

その頃より多賀城の役割は補給物資の集積地へと移行した。

貞観11年（８６９）の大地震で多くの施設が被害を受けると、復興できないまま、次第に維持・管理もされなくなっていったが、前九年の役や後三年の役では源氏が軍事的拠点として用い、忘れかけていたその存在感をわずかながら都に示した。

南北朝時代、後醍醐天皇の建武の新政において、陸奥守・北畠顕家らが義良親王（後村上天皇）と共に多賀城に東北地方の新政府、陸奥将軍府を樹立して奥州と北関東の統治を目指している。しかし、その後、足利幕府の軍勢に多賀城を追われ、陸奥将軍府は短期間でその実質的意味を失っている。

幕府より見込まれて庄内を領した酒井氏の城
外様を抑える牙城

鶴ヶ岡城

古くから開発された穀倉地帯。庄内大泉氏、上杉氏、最上氏を経て、譜代中の譜代、酒井氏に移封された。

鶴ヶ岡城（本丸部分） 大手門は石垣造りの枡形虎口で、御殿奥に天守的な二階櫓があるなど、近世城郭の特徴を備えている。（画・香川元太郎　監修・鶴岡市郷土資料館　初出・2006年朝日ビジュアルシリーズ『週刊藤沢周平の世界 05』）

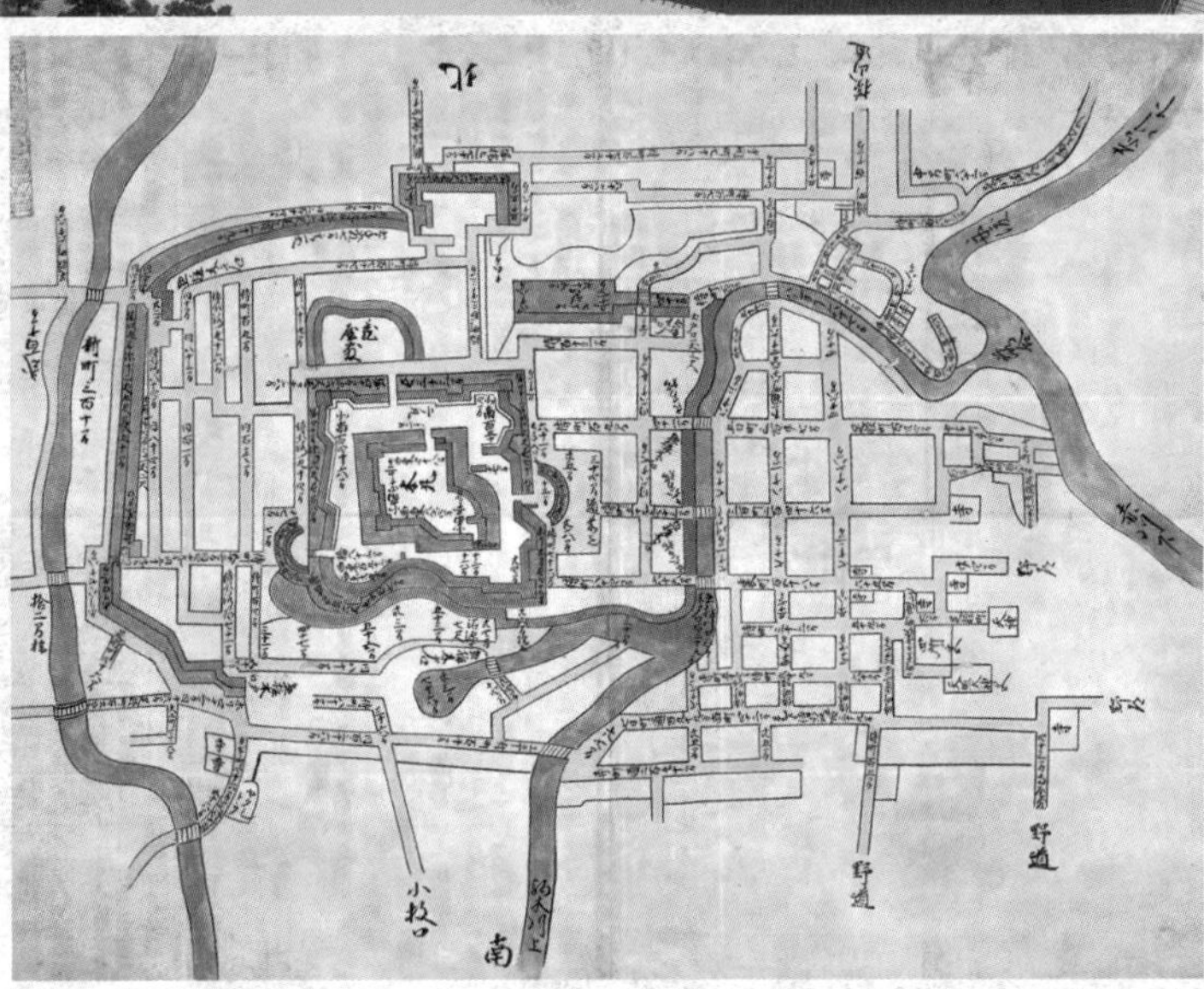

出羽庄内鶴岡城図 河川を巧みに利用した縄張であることが理解できる。（『日本古城絵図』東山道之部より　国立国会図書館蔵）

所在地 山形県鶴岡市
築城者 大泉氏（武藤大宝寺氏）
築城年 鎌倉時代初期
特徴・歴史 大泉氏の大宝寺城が前身。その後、長く支城とされ、酒井氏が庄内に入封し、大改修を受けて本城となる。

豊かな穀倉地帯庄内に譜代中の譜代の酒井氏が入封

庄内平野は美田が広がる穀倉地帯である。律令の時代より出羽柵や国府（城輪柵）が置かれ、畿内の中央政権による奥州支配の要とされた。

庄内は、平安時代から複数の荘園が置かれたことで開発が進み、さらには良港である酒田があることで、鎌倉時代には東北有数の豊かな土地へと育っていた。有力な荘園の一つ、大泉荘を支配する大泉氏（武藤大宝寺氏）が勢力を拡大し、大宝寺義氏の代で庄内の広い範囲を支配した。なお、庄内という名称は、「大泉荘の内」が語源という説が有力である。

鶴ヶ岡城の前身は大泉氏が築いた大宝寺城であるが、近くに尾浦城を築いて拠点を移して後は支城扱いであった。元和8年（1622）、最上氏が改易となり、酒井忠勝が出羽庄内藩13万8千石に加増転封されると、忠勝は鶴ヶ岡城を大幅に改修して居城とした。

忠勝は徳川四天王の酒井忠次の孫にあたり、上杉氏をはじめとする奥州の外様大名の抑えとしての役割を期待されていたようで、鶴ヶ岡城のほかに、支城として亀ヶ崎城の保持も許されている。これはこの規模の大名としては破格であり、酒井氏への幕府の信頼の証左である。

華やかにして豪壮な堅城

伊達政宗の居城 仙台城

急崖に守られた難攻不落の山城としての特性と近世城郭としての特徴を併せ持つ奥州の名城。その栄枯盛衰とは？

所在地 宮城県仙台市
築城者 伊達政宗
築城年 慶長15年（1610）
特徴・歴史 関ヶ原の戦いの後、仙台を拠点とするために新しく築城された伊達氏の居城。山上の本丸は不便であり、後にほとんど使われなくなった。

伊達政宗の居城として新規に築城された近世城郭

杜の都と呼ばれる仙台。青葉山と広瀬川に代表される美しい自然がそう呼ばせているのだが、仙台のこの美しい緑は、仙台藩初代藩主・伊達政宗が行った植林政策によるものである。

天下を狙う野心家の荒々しい武将というイメージが強い政宗であるが、実際の政宗は文化的な教養を持つ、理知的で内政能力の高い武将であった。

伊達政宗の居城である仙台城は、仙台市の青葉山に築かれたことから青葉城とも呼ばれている。

東丸
広瀬川

仙台城 山上の本丸と平地の曲輪とで構成されているが、山上の本丸が使われていたのは政宗の時代の20年間ほどであった。（画・香川元太郎 初出・2004年 PHP研究所『名城を歩く』21）

もともとは米沢城を本拠としていた政宗であったが、天正19年（1591）に一揆を扇動した罪で米沢城のある置賜郡ほか6郡の減封を受けて以降は、豊臣秀吉の指示で、岩手沢城（のちの岩出山城）を居城としていた。

関ヶ原の戦いの後、政宗は家康に新規築城を願い出て、新たな本拠として仙台の地を選び、青葉山に新城を築いたのである。

岩出山城を拠点としていたのは秀吉の命があったからである。家康が実質的な天下人となった以上、岩出山城を拠点とする理由は、政宗にはなかった。

1600年の年末に築城が開始され、政宗は翌年に築城途中の仙台城に入城している。なお、政宗の代で築いたのは、山上の本丸部分のみである。

政宗は、梅村彦左衛門、梅村彦作の大工棟梁父子や紀州の工匠である刑部左衛門国次、山城国の絵師佐久間左京など、各分野で名人、匠と呼ばれる人材を呼び寄せ、本丸を築かせた。

中でも、大広間は千畳敷とうたわれる広大で贅沢な造りで、桃山時代の豪壮な気風を残したものであった。これらの名人たちは、瑞巌寺や大崎八幡神社など、後に国宝となる建物を築いたことでも知られている。

築城にあたっては近在の農家一戸につき一人の男手を出すことを義務付け、慶長15年（1610）頃には本丸はほ

ぼ完成したという。

10年の歳月をかけて築かれた難攻不落の山城

豊臣家がまだ勢力を残していた、まだ戦乱の可能性のある時代に築かれた城なだけに、仙台城は実戦向きの堅固な城として築かれている。

江戸期に築かれた城の多くが平城、もしくは平山城であるのに対し、政宗は急峻な崖が周囲を囲む青葉山の山上に城を築いている。

青葉山の東では高さ60メートルの断崖が敵を寄せ付けず、さらに北から東に流れる広瀬川が天然の堀として機能して城域を保護している。また、南には深さ40メートルの谷があり、西では厚い原生林が軍勢の進出を阻む。仙台城で待ち受ける政宗にしてみれば、北からの攻撃にのみ備えればいいのである。攻め手の攻勢ルートが限定されていれば、守備側にとってこれほど楽なことはない。火力をそちらに集中して一点防御を続けていれば、どれほどの大軍が攻めたとしても落城することはない。なお、これは余談であるが、仙台を訪れたイスパニアの使節セバスティアン＝ビスカイノは、仙台城を「日本で最も優れ、最も堅固な城のひとつである」と評している。

本丸の南側の谷にせり出した崖上に、懸造り、掛屋御殿などと呼ばれる建物

仙台城・本丸御殿　仙台城の御殿は同時代の大名の城としては最上級に近い豪華な造りで、将軍や天皇を迎える格式を備えていた。断崖にせり出すように建てられた掛屋御殿が印象的である。（画・香川元太郎　初出・1997年　世界文化社『日本の城』）

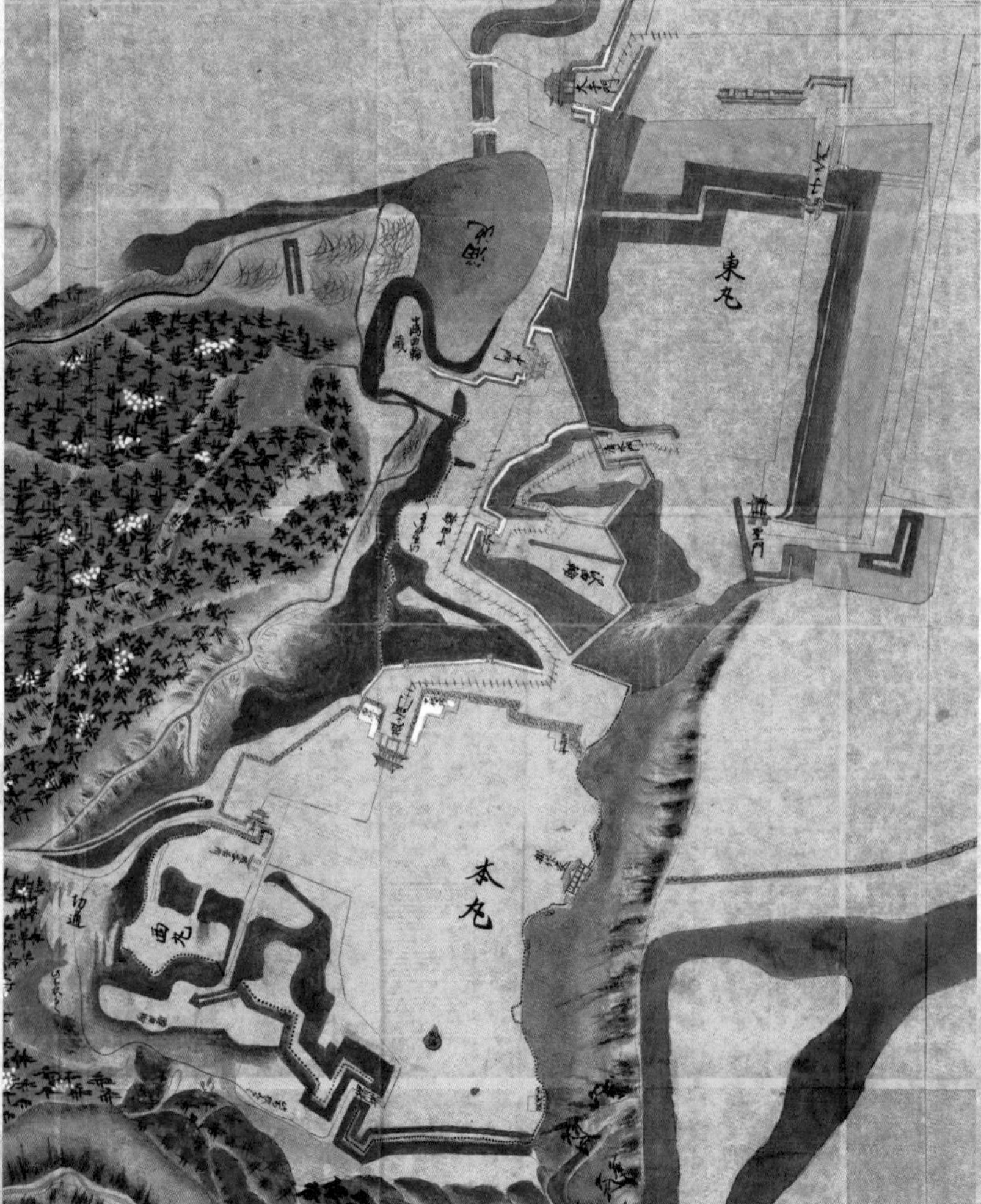

奥州仙台城図　本丸への攻め口は本丸の北側のルート、図中央の大変狭い斜面のみである。（『日本古城絵図』　東山道之部より　国立国会図書館蔵）

が築かれている。政宗はそこから城下を一望したというが、山上の仙台城は生活には不便であったようで、後に政宗は平地に別邸の若林城を築いている。

二代忠宗も山上を嫌い、平地に二の丸を築いて政庁とした。後に築かれた三の丸も平地に置かれ、山上の本丸御殿は政宗の時代にわずか20年ほど利用されたのみで、それ以降は有事の際の詰の城としての扱いとなった。

第二章

北陸・甲信越の名城のヒミツ

新府城（香川元太郎）

信濃人が愛し、そして守り通した郷土の誇り

無骨にして優美 松本城

歴代の城主たちが改修整備を行ったことで生まれた美しき天守。その存続に信濃人の心意気があった！

所在地 長野県松本市
築城者 小笠原貞朝
築城年 永正元年（1504）
特徴・歴史 豊かな松本平に築かれた名城。美しき天守は往時の姿を今に伝えている。その歴史的価値が認められ、昭和11年に国宝に指定。

松本城鳥瞰 現在の城跡公園は本丸と二の丸のみだが、かつてはその外側に三の丸が広がっていた。深志城と呼ばれた戦国時代の縄張が残り、虎口を守る馬出に武田流築城術の影響を見ることができる。（画・香川元太郎　初出・2003年 PHP研究所『名城を歩く』7）

貴重な現存天守として国宝指定されている松本城

江戸時代、またはそれ以前に築造された天守で現在までその姿を残しているのはわずかに12城。そのうち国宝に指定されているのは、松本城、姫路城、彦根城、犬山城、松江城の5つの城のみである。

松本城天守の築造年代については諸説あるが、はっきりとした結論は出ていない。1950年から1955年にかけての解体修理では、過去に何度か改修された痕跡が確認されている。

寛永10年（1633）、結城秀康の三男の松平直政が加増のうえで転封され、松本藩主となる。この頃、第三代将軍徳川家光が信濃善光寺に参拝するという話が持ち上がり、松本城に立ち寄るとの内意が伝えられた。これを受け、直政は家光を接待するために月見櫓を天守に増築している。おそらくはこの改修が、天守の大幅な改変としては最後のものであり、この頃に現在の形の天守になったものと考えられている。なお、この折の家光の来訪は実現しなかった。

めまぐるしく入れ替わる松本の領主たち

直政以前の、石川数正が城主だった時代の天守は大天守と乾天主を渡櫓でつないだだけの簡素なものであった。松平直政が月見櫓を設けたことで、無骨さに優美かつ風流な風情が加わり、美麗な姿の天守が誕生したのである。

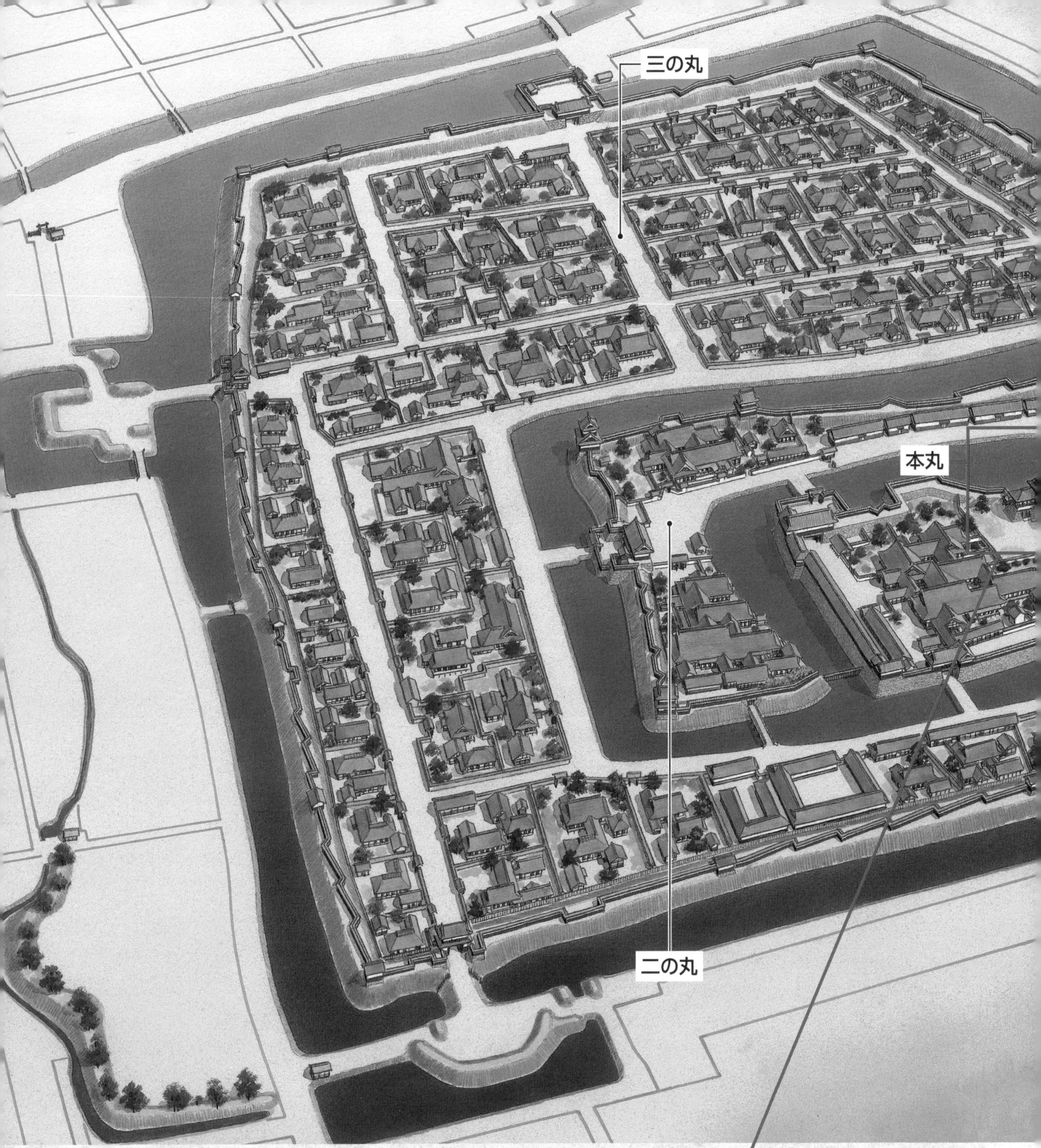

三の丸

本丸

二の丸

松本城天守　バランスのとれた漆黒の天守は、現存天守の中でも特に人気が高い。（写真・望月昭明）

松本城の堀　松本城天守前の堀の断面が描かれている。堀は広いが深さはあまりない。中央の埋門には、現在赤い橋が架けられているが、江戸時代に橋はなかった。図の右下は天守石垣を支える地業（地盤を締め固めること）の様子。石垣がずれないよう、梯子胴木が用いられている。（画・香川元太郎　初出・1995年 世界文化社）

信濃国松本城図・部分　、信濃国松本城図の、上のイラストと同じ本丸西側の部分。かなり簡略化されてはいるが、雰囲気はつかむことができる。（『日本古城絵図』東山道之部より　国立国会図書館蔵）

松本の地に最初に城が築かれたのは、室町時代初期である。

足利尊氏とともに南朝と戦った小笠原貞宗が、その功により信濃守護を拝命。当初は、現在の松本城の南方に居館を築いたが、居館の北方である深志の地に、有事に際しての防備のための支城を築いたのが松本城のはじまりである。

小笠原を最初に名乗ったとされる小笠原長清は、甲斐源氏の流れの加賀美遠光の次男として甲斐で生まれ、源頼朝に仕え、信濃守に任ぜられ、これ以降小笠原氏は信濃に根付いていく。

戦国時代に入ると、松本の地は甲斐の武田信玄による侵攻を受け、小笠原氏は没落する。松本を支配した信玄は、城代として馬場信春を入れ置き、信春は松本城の改修を行っている。武田氏滅亡後、小笠原貞慶が徳川家康の家臣として松本城に返り咲いているが、家康の関東移封にともない小笠原氏も下総古河へと移っている。これと入れ替わりに松本城には石川数正が入り、数正は城と城下の整備を行った。

江戸時代に入ると松本の領主はめまぐるしく入れ替わり、戸田氏（松平）の時代に明治を迎えている。

5重6階の大天守を中心とした天守構造物は、乾櫓（小天守）、辰巳附櫓、月見櫓が見事なバランスで配置され、黒を基調としたその迫力に、見る者は

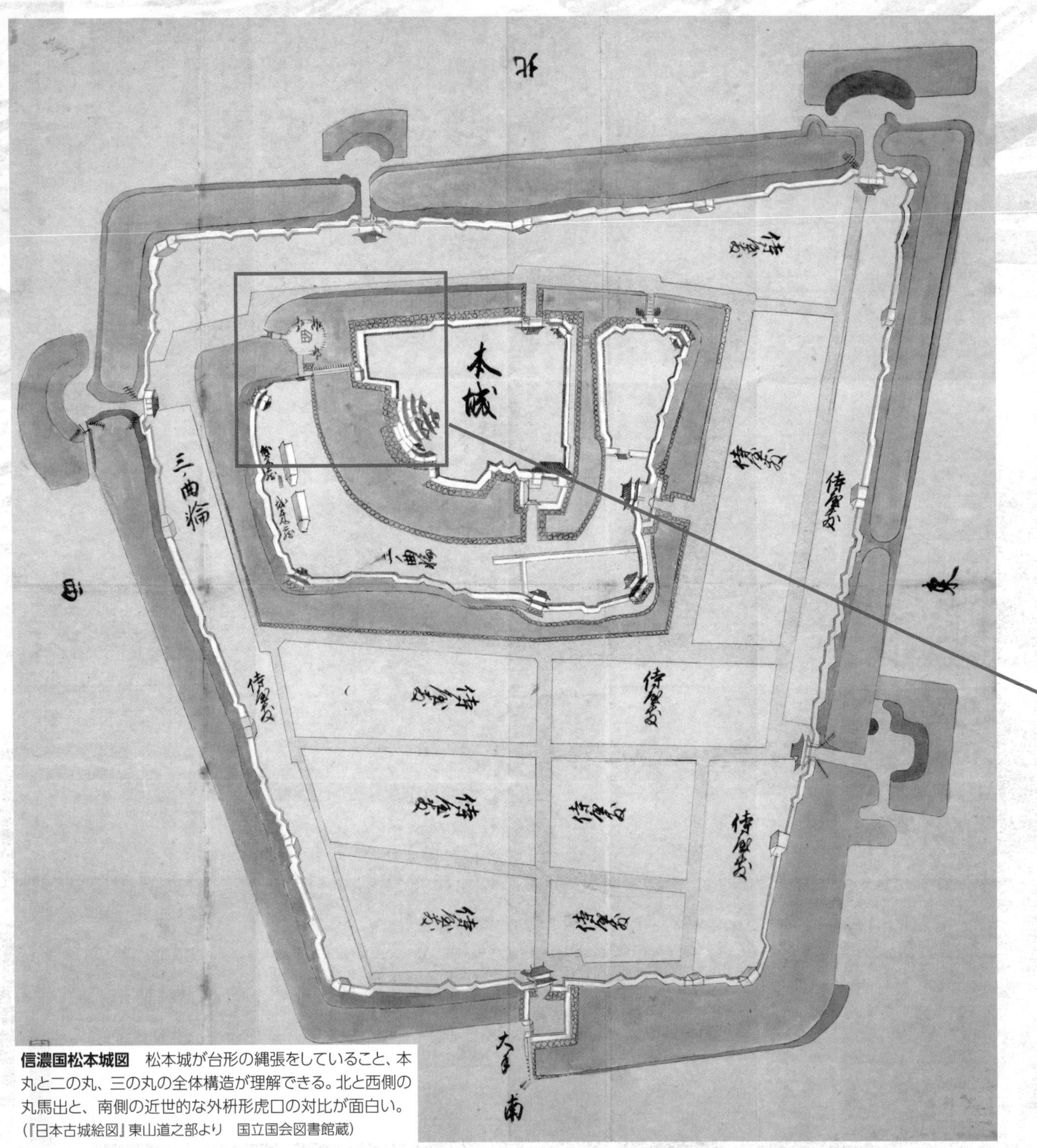

信濃国松本城図 松本城が台形の縄張をしていること、本丸と二の丸、三の丸の全体構造が理解できる。北と西側の丸馬出と、南側の近世的な外枡形虎口の対比が面白い。
(『日本古城絵図』東山道之部より 国立国会図書館蔵)

圧倒されてしまう。

縄張は梯郭式で、北から南へと曲輪が配され、三の丸から外部につながる虎口は、それぞれ枡形虎口や馬出で防備されている。北側二つと西側の虎口は武田流築城術の特徴とされる丸馬出で守られているが、これは馬場信春の時代のものと推測される。

明治維新の混乱期 松本城天守が消滅する危機

松本城の天守であるが、実は明治維新直後には競売に出され、破却される予定であった。

他の地域の城の例から考えると、ここで落札された場合、城は解体され使える木材は建材として転売、使えないものは銭湯などの薪として売られた可能性が高い。

松本城天守が今も残されているのは、この時、市川量造ら地元有力者らが天守を買い戻したからである。

市川はまず、政府に破却延期を願い出て、天守を借りて博覧会を開催した。市川は、この博覧会で得た資金をもとに天守を買い戻し、そのおかげで我々は今も美しい松本城を目にすることができるのである。

松本城が美しいのは、その造型だけではなく、信濃人の心映えがそこに投影されているからではないだろうか。

壮麗かつ堅固 金沢城

壮大な規模の建物が並ぶ、加賀前田百万石の麗城

所在地　石川県金沢市
築城者　佐久間盛政
築城年　天正8年（1580）
特徴・歴史　一向一揆が、加賀一国を支配したときの本拠「尾山御坊」が前身。織田信長が佐久間盛政に同地を与え、金沢城が築かれた。

一向宗の尾山御坊（金沢御堂）が前身の堅城 壮大な規模の建物を大火から守った匠の技とは？

金沢城　石垣と巨大な建物で構築された、大変豪壮な城である。（画・香川元太郎　監修・西ヶ谷恭弘　香川元太郎　初出・2002年　PHP研究所『名城を歩く』2）

金沢城の前身の尾山御坊は本願寺の中心拠点であった

金沢の地は、応仁・文明の乱のあった時代までは、鎮守府将軍藤原利仁の子孫である富樫氏の所領であった。

打ち続く戦乱に人々が頼るものは、強い領主か、不安から救ってくれる宗教である。浄土真宗の宗祖親鸞の血脈を根拠として門徒を集めていた本願寺蓮如は、この時期北陸で着々とその影響力を増大させていた。

長享2年（1488）、本願寺は一向一揆により守護の富樫政親を自害に追い込み、富樫泰高を傀儡の守護として、蓮如を中心とする本願寺勢力が加賀を支配した。この時、尾山御坊（金沢御堂）を本拠地としたのが金沢城のはじまりである。

天正8年（1580）、武力による天下統一を目指す織田信長は、加賀一向一揆の攻略を柴田勝家・佐久間盛政らに命じ、盛政が尾山御坊を攻略して入城。盛政は信長より加賀半国の支配権を与えられ、尾山御坊を自身の拠点とした。すでに城塞としての機能を持つ尾山御坊であったが、盛政はさらに土塁や堀を追加して築き、より実戦的な城へと改築している。

本能寺の変で織田信長が明智光秀に討たれると、織田家の重臣柴田勝家と、山崎の戦いで光秀を討った羽柴秀吉が対立。両者が雌雄を決した賤ヶ岳の戦いでは盛政は勝家に味方しているが、盛政の判断ミスや、本来勝家の与力である前田利家の日和見などがあり、勝家は敗れ本拠の北庄城で自刃している。逃亡した盛政も捕えられ、斬首されて首を六条河原にさらされた。

秀吉に味方したことで金沢を与えられた利家

一方、勝家を裏切った前田利家はというと、秀吉より恩賞として加賀一国を与えられている。

利家は、金沢城を加賀一国の中心としてふさわしいものにすべく、客将の

前田利家時代の五層天守
三十間多聞長屋
本丸
蓮池堀
橋爪門
石川門
三の丸
二の丸
五十間多聞長屋
河北門

石川門　城の東南方向、兼六園側から三の丸への入口にあたる門。（写真・望月昭明）

高山右近に命じて城の改修を行わせ、同城は本格的な近世城郭へと生まれ変わることになる。

本丸、二の丸、三の丸の整備が終わった文禄元年（1592）、利家は朝鮮役で出兵しているが、留守を預かる息子の利長に命じて土塁を石垣へと改めさせている。石垣工事の終了後には、さらに長大な内堀と外堀が掘られ、秀吉没後の慶長4年（1599）には難攻不落の近世城郭・金沢城が完成した。

ちなみに金沢という地名は、この地

三の丸広場から見た五十間多聞長屋　右端の櫓は菱櫓、左手の櫓は橋爪門続櫓。（写真・望月昭明）

橋爪門　二の丸の正門として、最も格式の高い門。続櫓が付属した枡形門で、防御力は大変高い。（写真・望月昭明）

が砂金の産地であったことからきているという。一説によれば利家は居城を尾山城と呼んでいたというが、金箔瓦を備えた華麗な姿から金沢城と呼称されることが多くなり、やがて正式に金沢城に改名したとの伝承がある。

　壮麗であった本丸天守は利長の代に落雷で焼失。代わりに天守台には三階櫓が置かれたが、この三階櫓も後の宝暦の大火で焼失してしまう。その後は幕府への遠慮もあり、天守が建てられることはなかった。

　金沢の火事は江戸と同様に名物といわれるほどに多く、繰り返し大火が発生している。寛永8年（1631）、大火で金沢城が焼失。城主の前田利常は、大火に備えて城内に防火用水の整備を命じ、新規に井戸を十数か所掘ったが、井戸からの水量では大火への備えとしては心もとない。

　金沢城の近くを流れる犀川、浅野川は城よりも低い位置にあり、水を引くことができない。ここで、家臣の稲葉左近が板屋兵四郎という町人を利常に推薦し、水利工事を担当させることになる。兵四郎は和算と測量技術も身につけており、犀川上流で取水口と、水位を上げるための河水の堰上げ堤（ダム）を造り、そこから城までの水路をわずか1年で完成させている。なお、金沢城の堀が、空堀から水堀になったのはこの時からである。

加賀国金沢之絵図　南西の犀川と、北東の浅野川に挟まれた小立野台地の先端に築かれているが、どちらも低地を流れているため、水道を設置するまで水源が問題であった。（金沢市立玉川図書館蔵）

勝頼が築かせた、武田流築城術の結晶的城塞

武田の新しい首府

新府城

武田の城だが、天正壬午の乱で徳川勢が陣として用いて、初めて威力を発揮！圧倒的に優勢な北条勢は、新府城を攻めあぐねた。

所在地	山梨県韮崎市
築城者	武田勝頼
築城年	天正9年（1581）
特徴・歴史	武田勝頼が命じ、真田昌幸が縄張をしたとされる、武田氏の新拠点。釜無川と塩川の間に南北に走る七里岩台地に築かれた天然の要害。

新府城への本拠地の移動は織田を恐れてのものではない

天正9年（1581）、甲斐の武田勝頼は、新しい拠点として、韮崎に新府城の築城を始めている。

縄張、または普請奉行を真田昌幸が担当したとの説があるがそこに確証はない。後に、上田城を築いて徳川の大軍を二度まで退けた昌幸であれば、新府城の普請をまかされてもおかしな話ではないようにも感じられるが、むしろ後年の上田城の活躍から、新府城の普請担当者という伝承が生まれた可能性がある。このあたり、慎重に考えるべきである。

織田信長の圧力が日々強くなっていた時期に、勝頼は貴重な資金と労力を投じて新城を築いている。

織田信長、徳川家康から圧力を受けた勝頼が、躑躅ヶ崎館よりも防御力が高く、なおかつある程度の兵力を収容できる城を求めて新府城は築かれたと考えられている。また、同時に領国経営の効率化と、信濃方面への軍事的即応力を高めるためという目的もあったように思われる。

確かに躑躅ヶ崎館の防備は薄く、織田の大軍に囲まれてしまえば落城は必至である。しかし、この時点では織田軍の侵攻がそれほど早いと想定するのは難しい。なにより、史実で武田氏が短期間で滅亡したのは、一門衆の穴山梅雪の裏切りなどがあったためである。裏切りを想定していないこの時期の勝頼としては、本国の甲斐で織田軍を迎え撃つという発想は、それほどなかったと考えるべきである。

領国支配には、躑躅ヶ崎館より新府城のほうが効率的

新府城の築城を開始した1581年の武田勝頼の支配地域は、甲斐、信濃、駿河、遠江、上野の一部に広がり、さらには美濃にまで触手を伸ばしている時期で、甲斐で本土決戦などという意識は、勝頼にはなかったはずである。

新府城　武田勝頼が躑躅ヶ崎館に代わる本拠として築城。台地上の丘陵部を利用しており、下には「七里ヶ岩」と呼ばれる断崖がそびえている。(画・香川元太郎　監修・西股総生　初出・2016年『歴史群像135　2月号』)

下　新府城出構　発掘調査されている出構と呼ばれる突出部。(写真　望月昭明)

左　本丸への石階段　新府城跡本丸にある藤武神社へ続く石階段。(写真　望月昭明)

新府城が築かれた韮崎は、躑躅ヶ崎館から北西方向に15キロほどの位置にある。信濃の諏訪方面、小諸方面どちらに出るにしても躑躅ヶ館よりは効率的で、領国経営のためには大きなメリットのある判断であった。

武田勝頼が領国経営の効率化を重視していたのか、織田・徳川軍との決戦に備えたのかはともかく、武田最後の城となる新府城は築かれた。

新府城の地理的構造　能見城前縁の防衛線には、江戸期の古図には水堀が描かれている。徳川軍が新府城を陣とした折、ここに能見長塁が築かれたと推測される。
（国土地理院の色別標高図をもとに作成）

甲斐で徳川家康と北条氏直が争ったとき新府城を陣として用いた徳川軍は、北条軍と対峙この時、徳川軍が能見長塁を築いたと推測される。

断崖に挟まれた台地の先端平坦地も確保できる好立地

新府城は、西の釜無川と東の塩川の間に南北に走る七里岩台地の南端に築いた平山城である。

城を台地の先端に築くケースは多く、このタイプの城は、主たる戦闘正面が一方向に限定されるため、効率的な防御が可能となる。

台地の東西には数十メートルの高さの断崖が続き、想定される戦闘正面である北側には、能見城と御名方神社の微高地が防衛線として利用できるため、城外に前線を構築できる地形である。

新府城は、台地の西側の端にある丘陵部を利用してはいるが、城郭部の周囲は多くが土塁であり、堀が築かれているのは馬出の前面など、一部に限られている。

これは推測になるが、勝頼が新府城に求めたのは、要害性よりも政庁としての機能が主であったのではなかろうか。織田の大軍を迎え撃つための城ではなく、武田の領国統治の要となることを目指した城が、新府城であったように思われる。

新府城の周囲には、使用可能な平坦地が十分にあり、家臣たちの集住も可能であった。台地を下りれば城下町を形成することが可能な平地があり、信濃へと通じる街道の信州往還を軸に、大きく発展する素地は十二分にあったと思われる。

新府城防衛の最前線城の北にある能見城の意味

浅野文庫所蔵『諸国古城之図』を見ると、能見城の前面に水堀らしき構造物が描かれている。イラストは、武田氏が滅亡した後、徳川と北条が甲斐の

能見長塁　ここでは、天正壬午の乱の際、新府城に入った徳川家康が、若神子城に入った北条氏直に対抗するために築いたと想定。武田勝頼の時代に築かれたという説もある。(画・香川元太郎　監修・西股総生　初出・2006年『歴史群像 79　10月号』)

領有を争った天正壬午の乱のとき、徳川軍が新府城の城域を陣として用いた折に、徳川が野戦陣地として防衛線を築いたという想定で描かれている。

短期間で築城し、籠城することなく城を放棄した勝頼の時代に、ここまでの構造物があったと想定するのは難しいように思われるがどうであろうか。もちろん、地形をみれば一目瞭然で、武田勝頼や真田昌幸も、有事にはこのラインでの防戦を想定していたと考えられるが、本格的な土木工事を行っていたかというと疑問である。まずは城下の建設を優先したのではなかろうか。

新府城の主郭内の曲輪は複雑で、馬出や食い違い虎口などが確認できる。また、主郭の北側の堀には、出構（でがまえ）と呼ばれる突出部がある。出構の機能については不明であるが、鉄砲陣地であるという見方が有力である。

織田信長の武田攻めでは、勝頼は新府城に火を放って岩殿城へと逃げているため、このとき城がその防御能力を発揮することはなかった。

しかし、本能寺の変の後、北条と徳川が甲斐をめぐって争っているが、このとき徳川軍が新府城を本陣として用い、徳川軍は圧倒的な戦力の北条軍に屈することなく有利な形で和議へと持ち込んでいる。これこそまさに、新府城の防御力が証明された瞬間といえるのではないだろうか。

戦国時代最強武将とされる上杉謙信の拠点

越後の誇り 春日山城

幾度も作り直された無数の小さな曲輪が連なる山城。それが造られた理由は宿敵武田信玄の強さにあった!

所在地　新潟県上越市
築城者　越後守護上杉氏
築城年　南北朝時代(室町時代初期とも)
特徴・歴史　越後守護上杉氏の家臣、守護代の長尾高景が城代として在城したのが記録上の初見。上杉謙信が居城としたことで知られる。

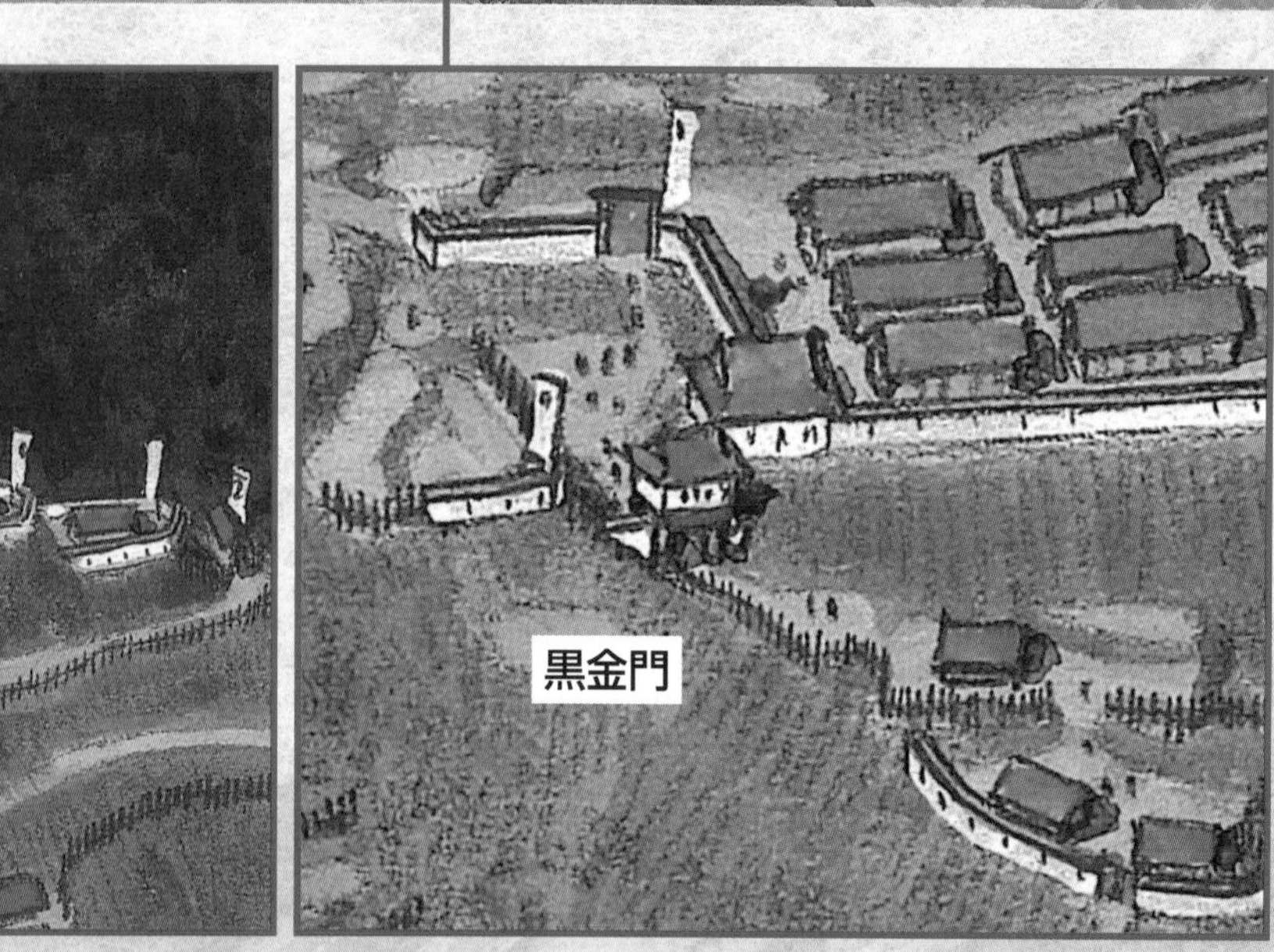

名将上杉謙信が居城とした難攻不落の巨大山城

上杉謙信の居城として知られる春日山城は、上越市の西、上越市直江津地区を見下ろす標高180メートルの春日山に築かれており、4キロメートル四方もの広大な城域を誇っている。さらに周辺に多くの支城、砦が築かれ、まさに難攻不落、鉄壁の守りの広域山城である。

春日山城　上杉謙信の居城として知られ、戦国時代の山城の中でも特に有名。増設・整備を繰り返し、山全体が城となった巨大な山城。（画・香川元太郎　監修・水澤幸一　初出・2001年　歴史群像シリーズ『疾風上杉謙信』）

春日山城本丸跡の碑（写真・望月昭明）

弾正少弼上杉謙信入道輝虎　（芳年武者无類より　国立国会図書蔵）

上杉謙信の時代に本格的な山城として整備

もともと春日山は、八ヶ峰（鉢ヶ峰）と呼ばれていたが、奈良の春日大社から分霊を勧請し、春日神社が祀られて後、春日山と呼ばれるようになった。

春日神社が祀られたことで春日山と呼ばれるようになった山は日本全国に存在する。その多くが、あまり比高の高くない山なのだが、城として最適なものが多く、春日山城という名の城もまた、各地に存在することになる。

越後の春日山城であるが、その築城年代は、特定されていない。室町時代初期とも、南北朝時代ともされる。

城として整備され重視されるようになるのは、守護上杉氏が越後府中で政務をとるようになってからであるが、それはあくまでも有事の際に用いる詰の城としての存在であった。

上杉謙信が越後国主となり拠点を春日山城に移すまでは、越後の領国経営の中心は越後府中であり続けた。

謙信もまた、関東管領を上杉憲政より譲渡されるまでは、越後府中にある憲政の御館を政庁とし、出仕する立場を守っていた。

城の整備拡張を重ねた結果広大な城域の山城が誕生

春日山城に政庁を移したのは、前述のように、上杉家と関東管領を上杉憲政より譲られた後であるが、入城自体は天文17年（1548）の12月晦日、謙信19の年である。

凡愚な兄、長尾晴景に代わり中越・下越の乱を平定した謙信は、この年、越後国人衆より請われて守護代職に就いている。その後、兄である晴景との勢力争いに勝利し、晴景の養子となる形で長尾家を継いでいる。

傀儡化していた守護上杉定実が死去すると、かねて交流のあった将軍義輝は、謙信を越後国主に任じ、謙信はこれを受けて越後統一を成し遂げる。

春日山に入った謙信は、それ以降繰り返し城の整備を続け、大きな拡張工事を何度も行っている。

越後統一を謙信が成した頃、信濃に武田信玄が侵入。謙信は信玄の越後侵攻を恐れ、春日山城のさらなる強化を命じている。

信濃川中島にまで武田信玄の勢力が拡大したことで、武田は越後にとっての直接的脅威となった。川中島から春日山城までの距離は、直線距離では100キロもなく、信越国境から春日山までは、わずか1〜2日の距離である。謙信は、小田原に北条を攻めている時も春日山城を心配して整備を命じる書状を出している。こうして、繰り返し城域拡大と整備を続けた結果、春日山城は日本有数の規模の山城となった。

中世山城の特徴が色濃く残る春日山城には、近世城郭のような大きな曲輪はなく、小さな曲輪が尾根沿いに無数に築かれ、それらが連携して広い城域を形成している。地形の大規模な改変はないが、無数の谷と小さな曲輪、急な斜面が攻め手を分断するため、古いタイプの城ではあるが、かなり高い防御能力が期待できる構造である。

上杉家が会津へ移封すると堀秀治が春日山城に入るのだが、近世大名の堀は山上を好まず、あらたに直江津に福島城を築いて春日山城を廃城とした。

第三章

関東の名城のヒミツ

忍城（香川元太郎）

北条氏滅亡のきっかけとなった真田の支城

信之の居城 沼田城

上杉・武田・北条が三つ巴となり領有を争った北上州の要衝の城。その城の防御能力とは？

所在地	群馬県沼田市
築城者	沼田顕泰（景泰説あり）
築城年	天文13年（1544） 天文元年（1532）説もあり
特徴・歴史	盆地状の丘陵・台地の縁に築かれた崖端城。河川が浸食してできた急崖を防御に利用した堅城。

沼田城　沼田の地形的特性が絵図から確認することができる。（『日本城郭史資料』陸軍築城部本部 編より　国立国会図書館蔵）

真田信幸（信之）時代の沼田城　安土桃山時代に真田信幸が改修し、五層天守を建てたとされ、その頃を想定して描かれている。（画・香川元太郎　初出・2017年『ベストパートナー』浜銀総合研究所）

上杉、武田、北条が争った 越後・信濃・上野をつなぐ要衝

上州沼田の地は、越後から上野に抜ける上州街道と、信濃から上野に抜ける三国街道とを扼する交通の要衝である。越後の上杉氏が関東に侵攻する場合のルートであり、甲斐の武田氏が関東に出る場合や、越後に出る場合に用いられるルートでもある。もちろん、逆に関東から信濃や越後に出ることも可能である。沼田は、侵攻のための牙城として使え、同時に自領を守る関門ということになる。そのため武田氏、上杉氏、北条氏は三つ巴となり、沼田城をめぐり争奪戦を繰り広げた。

縄張は、北西方向に突き出た台地の角部分を利用し、本丸を崖端に置き、二の丸、三の丸、さらに外曲輪、城下町と、南東方向に層状に曲輪を重ねる形である。扇形の要部分が本丸と考えるとわかりやすいだろう。

比高70メートルほどの急崖が背後を守り、戦闘正面となる南東方向に層状に築いた曲輪が、多重の防衛ラインとなる。地形をうまく利用し、効率的に築いた城である。台地状の地形は、平坦地が南東方向に7キロほど延びているため、城下町が成長する空間的ゆとりがある。沼田城は城として理想的な立地に築かれた城といえるだろう。

真田が上野に残した関東侵入の牙城

真田の最前線 名胡桃城

名城でもない小さな山城である名胡桃城（なぐるみじょう）が北条氏滅亡という大きな歴史の転換点となった理由とは？

所在地 群馬県利根郡みなかみ町
築城者 名胡桃氏
築城年 室町時代中期
特徴・歴史 三国街道と清水峠道で上野と越後を結び、鳥居峠から信濃方向にも通じる要地にあり、北条、上杉、真田が所有を争った。

名胡桃城を奪ったことが北条氏滅亡のきっかけとなる

本能寺の変の後、関東甲信越の織田勢力が一掃され、この空白地帯は北条、上杉、徳川による草刈り場となる。真田はこの荒波に翻弄され、北条、徳川、上杉と次々と臣従先を替え、最終的には豊臣秀吉の家臣となることでこの動乱を乗り切った。

北条と豊臣の交渉の結果、真田は沼田城を北条に譲り渡すことになったが、名胡桃城は真田の手に残されることになった。

地政学的に見て、この地に城があるというのは北条にとっては脅威である。北条は名胡桃城を攻め取り、秀吉はこれを口実に北条攻めを開始し、北条氏は滅亡する。

名胡桃城は、尾根状になった河岸段丘の縁を利用して築かれている。谷が南に切り込んでいる舌状台地を堀切によりいくつかの曲輪とし、段階的に防御戦闘ができる構造である。

南西の尾根方向から三の曲輪、二の曲輪、本曲輪、笹曲輪、物見櫓と続き、北方二の曲輪に並行するように般若曲輪があり、三の曲輪の前面には、丸馬出が設置されている。発掘調査により、建物は小さな小屋レベルのものであったことが確認されている。

戦時において用いる沼田城の支城としての砦のような存在で、本来的には恒久的に用いる城ではなかったものと思われる。

名胡桃城　真田氏の支城で、左上遠方に本城の沼田城がある。天正17年、北条軍の攻撃に備えて臨戦態勢を取る名胡桃城が描かれている。（画・香川元太郎　監修・西股総生　初出・2004年『歴史群像 67　10月号』）

名胡桃城石碑　大正13年に建立された石碑。揮毫は徳富蘇峰。（写真・望月昭明）

名胡桃城の木橋　二の曲輪と本曲輪とを隔てる堀切に掛けられた木橋。（写真・望月昭明）

背後を200メートルの絶壁に守られた山城

奇岩を背にした 岩櫃城

武田氏が滅亡する直前、真田昌幸は岩櫃城（いわびつじょう）に武田勝頼を迎え入れ、織田信長の大軍勢を相手に長期籠城戦を計画したが……。

所在地 群馬県吾妻郡東吾妻町
築城者 不明
築城年 不明 南北朝時代とも
特徴・歴史 標高802メートルの岩櫃山を背に築かれた後ろ堅固な山城。真田昌幸が武田勝頼を迎えるべく準備していた城として知られる。

岩櫃山 岩櫃城の背後にそびえる岩櫃山。（写真・牧岡幸太郎 提供アフロ）

絶壁の岩櫃山を背後とする広大な城域を持つ天険の要害

岩櫃城は、標高802メートルの岩櫃山の東側、標高600メートル付近に築かれた山城である。岩櫃の名の由来は、源頼朝が浅間に向かう途中、山の形状を見て、「お櫃のようだ」と言ったからという伝承がある。

岩櫃山を背後に控える岩櫃城は北東方向へ伸びる尾根に複数の曲輪を築く形の、後ろ堅固な山城である。

眼下に流れる吾妻川を堀に見立てれば、集落を惣構で囲んだ広大な城と見なすこともできるだろう。

岩櫃城は、真田氏が武田信玄に仕えていた時代、真田幸隆が攻略した城である。幸隆の三男の真田昌幸が上州の沼田城を攻略して後は、真田の本拠である信濃の真田地域の中間地点として重視され、整備が進められた。

甲斐の武田勝頼が、織田信長と徳川家康の侵攻を受けて劣勢になると、昌幸は岩櫃城に勝頼を迎え入れたいと提案し、勝頼も一時この案に賛同し、昌幸は勝頼を岩櫃城に迎えるべき準備を始めたとされる。

しかし、武田勝頼は小山田信茂を頼って岩殿山城に向かい、信茂に裏切られて逃亡し、自害して果てている。

岩櫃城は城域も広く、多くの兵を迎え入れることが可能であった。また、岩櫃城へのルートは難所が多く、大軍が同時に展開するのには向いていないため、兵糧の確保さえできれば、長期籠城は可能であったように思われる。

攻囲を受けた場合でも、岩櫃山から山中へと入ることで外部との連絡も可能である。越後の上杉、関東の北条の支配地域も近く、織田軍も大軍を山中に長期間展開する危険は避けた可能性がある。最大のネックは勝頼が真田を心底信じられるかという点と、新府城から岩櫃城までの長い道のりの安全性の確保である。譜代の家臣であり、新府城から近い岩殿山城の小山田を頼ったのも、当然といえば当然であろう。

なお、昌幸は岩櫃山の南面に、勝頼を迎えるための御殿を築いたと伝わっている。現在は潜龍院跡として、わずかに石垣と平坦面が残るばかりである。

武田滅亡後の岩櫃城はそのまま真田が領有し、昌幸は長男の信幸に岩櫃城を任せている。その後、岩櫃城は新しく築城した上田城と沼田城のつなぎの城として重視されたが、慶長19年（1614）に破却され、その役目を終えている。

岩櫃城　岩櫃城の中心部を描いている。最近の発掘調査で、大規模な堀の構造や、本丸の導入経路などが明らかになっており、それを反映させて描いた。(画・香川元太郎　初出2017年『ベストパートナー』銀総合研究所)

岩櫃城の周辺地形　岩櫃山の複雑で急峻な地形が理解できる。(国土地理院の色別標高図より)

沼沢・湿地に周囲を守られた不落の城

上杉謙信に勝利した 忍城

上杉、豊臣軍をはじめとする巨大勢力に屈せずに勝利し続けた名門成田氏が頼りとする水辺に浮かぶ名城のヒミツとは？

石田堤 石田三成が水攻めの折に築いたと伝わる土堤。（写真・望月昭明）

丸墓山古墳 石田三成が忍城を水攻めにした折に本陣とした円墳。（写真・望月昭明）

所在地 埼玉県行田市
築城者 成田正等（異説あり）
築城年 文明年間（1469〜87）
特徴・歴史 鎌倉時代にはすでに有力な御家人となっていた成田氏の居城。関東の低地に多く見られる、湿地帯・沼沢を有効に利用した城。

石田三成の水攻めに耐えた関東有数の堅城

忍城（おしじょう）は、豊臣秀吉の小田原攻めにおいて、秀吉の家臣の石田三成が水攻めを実施して失敗したことで知られている城である。近年の研究では、この水攻めは三成の発案ではなく、秀吉に命じられて行われたもののようで、残された書状からは、三成は強襲を望んでいたことがわかっている。

現在、この地は行田市と呼ばれているが、行田はもともと忍城の城下町の名前である。地下水が抱負で河川も多く、古い時代から開発が進められていた地域で、近辺にある巨大な古墳群・さきたま古墳群からは、律令時代以前にすでにかなり発展した土地であったことが理解される。

忍城は、山内上杉氏配下の豪族、成田親泰、またはその祖父の成田正等が築城したとされている。

城地は利根川、荒川に近く、この付近特有の沼地・湿地帯を利用し、そこに浮かぶ島を曲輪として利用するというこの地方ならではの築城方法が取られている。沼地に浮かんでいるようなそのシルエットから、忍の浮城との異名を持つ。永正6年（1509）、連歌師の柴屋軒宗長がこの地に立ち寄った時、「水郷也。館のめぐり四方沼水幾重ともなく葦の霜がれ、二十余町四方

忍城 成田正等によって築城された水城で石田三成の水攻めにも耐え、その後、近世城郭として改修され江戸時代にも存続した。イラストは戦国期の状況を描いている。（画・香川元太郎 初出・2017年 ベストパートナー【浜銀総合研究所】）

忍城の高麗門 行田市郷土博物館に移築された忍城の遺構。
（写真・望月昭明）

御三階櫓[行田市郷土博物館] 再建された天守代わりの櫓。
（写真・望月昭明）

へかけ、水鳥おほく見えわたりたるさまなるべし」と詠んでいるが、幾重にも濠によって囲まれている様が、歌によく詠みこまれている。

上杉謙信の粗暴を嫌い離反して北条に味方する

上杉謙信が関東に出陣すると成田長泰は抵抗の姿勢を見せるが、謙信が城下に放火すると、領民の暮らしを案じた長泰は謙信に帰順している。

謙信が小田原を攻め、関東管領就任式を鶴岡八幡宮で執り行った時、長泰は馬上から謙信に挨拶を行った。

謙信はこのとき、その無礼を咎めて鞭で長泰の顔を打ったという。実は成田氏は、源頼朝より馬上からの挨拶を特別に許された家柄であり、むしろ意図してこの吉例で謙信を頼朝になぞらえていたのだ。代々の関東管領であれば知っていて当然のこの故事も、成り上がりの謙信には単なる無礼であった。これにより長泰は謙信と決別し、北条氏に味方する。

天正2年（1574）に謙信より再び攻められた長泰は、忍城に籠りこれを撃退し、その名を挙げている。

前述の通り、秀吉の小田原攻めの時には、三成により水攻めを受けるも、わずかな兵と農民でよく持ち堪え、忍城の名を再び天下に知らしめた。まさしく名城である。

北条五代の栄華を誇る史上有数の巨大城郭

天下無双の堅城 小田原城

謙信、信玄が攻めあぐね、秀吉は20万以上の大軍で包囲し、ようやく勝利した難攻不落の城の強さとは？

所在地	神奈川県小田原市
築城者	小早川遠平
築城年	平安時代末（居館として）
特徴・歴史	北条氏の拠点となり、代を重ねて巨大な城郭が完成。豊臣秀吉の小田原攻めで、20万を超える大軍勢に囲まれて降伏する。

城域を拡大し続け 天下一の巨大城郭に

小田原城は、戦国時代に関八州を治めた北条氏の居城である。

この地に最初に城を築いたのは、鎌倉幕府の重臣土肥遠平である。早川荘内の地名より小早川を称し、小田原の地に城館を建てたのが興りとされる。なお、この小早川氏が安芸に移り住んだのが、毛利の両川と呼ばれる小早川氏である。

後、駿河の大森氏が小田原城に入るが、伊豆国を乗っ取った伊勢宗瑞（伊勢新九郎、いわゆる北条早雲）がこの地に目をつけ、明応4年（1495）、小田原城を襲い、策略により奪い取っている。

小田原城を手に入れた宗瑞は、これ以後その勢力範囲を拡大し、それに合わせて城の整備や拡大も進めている。

当初は、天守の裏手にあたる丘陵地の八幡山周辺だけが城地であったが、2代目の北条氏綱（この頃より北条を名乗ったらしい）の頃には、現在の城址公園の辺りにまで城域を拡大。3代目の氏康の代では、上杉謙信と武田信玄により、それぞれ城を囲まれているが、城はビクともせずに両雄ともに撤退している。上杉・武田という名将二人が落とせなかったことで、小田原城の名は天下に知れ渡ることになる。

惣構の巨大な小田原城を 秀吉軍21万が完全包囲

その後も城域は広がり、最終的には、城下全体を土塁で囲む巨大な城塞・惣構の城として完成する。

土塁と堀で城下町までもが囲まれた惣構の小田原城は、その時代では最大規模の城であった。

天正17年（1589）、天下統一を目前にした豊臣秀吉は、上洛要請を何度も無視し続けた北条氏直に対し攻城軍を組織。翌年、21万とも22万ともされる兵を動員し、秀吉はこの巨大な城を完全に取り囲んでしまう。

支城のほとんどが落ち、豊臣軍の巨大な軍事力を目の当たりにした北条氏政・氏直父子は投降。天下無双の小田原城であったが、秀吉の大軍勢の前に僅かに籠城4か月で陥落し、北条宗家は滅びている。

三の丸外郭 大堀切東堀中間部の、横矢折れと呼ばれるクランク部分（写真・伊東三郎）

小田原城　堀や切岸の赤土も意識して表現されている。惣構の完成時を想定し、矢倉や柵などは小田原合戦の配陣図から推定。障子堀に囲まれた方形館が城下に点在するなど、最新のデータを盛り込んでいる。（画・香川元太郎　初出・2020年『廃城を行く7』イカロス出版）

小田原城の堀　小田原城の障子堀を描いている。検出された堀をモデルにしており、櫓や塀などは推定で加えている。（画・香川元太郎　初出・1996年　世界文化社『日本の城』）

北条氏の関東支配の一翼を担った氏照の居城
関東屈指の山城 八王子城

関東一円に支城網を張り巡らせて支配地域を保持した北条氏。八王子城は14以上の城郭のある一大要塞地帯だった!?

主郭部分 曲輪と曲輪の導線に工夫がみられる。

所在地	東京都八王子市
築城者	北条氏照
築城年	天正12～15年完成か?(1584～87)
特徴・歴史	北条氏照が拠点として築いた巨大な山城。甲斐・武蔵国境に近く、北条領を守る最前線的な存在。

北条領支配の中核支城の一つ 北条氏照が築いた前線防備の要

八王子城は、北条氏の主城である小田原城の有力な支城である。

北条氏は伊勢宗瑞(伊勢新九郎・北条早雲とも)以来代を重ね、関東に一大勢力を築くにいたった。伊豆、相模、武蔵と、上野のほとんど、下野、下総、上総のかなりな範囲を手中にし、200万石以上ともいわれる巨大な領土は独特な支城制により統治され、盤石とも思える状況をつくりあげていた。

北条氏は、広大な領土を保持運営するために、いくつかの中核となる支城を各地に置き、その中核支城にさらにいくつかの支城を付随させるというシステムを取っていた。八王子城は、その中核支城の最有力な城の一つで、北条氏康の三男、氏照が治めていた。

氏照は若き頃より一軍を預かり、関東の多摩地方を掌握し、軍事的にも外交的にも活躍している。

北条氏は、中核支城を預かる城主たちにある程度の権限を与えて地域を担当させ、それぞれの状況に対して、各現場で対応させている。

中でも、氏照は北条一門におけるナンバー2に近い地位にあり、一軍の将としてというよりも、政権の中心の一人として政治的影響力を行使していた。

氏照は、八王子盆地の西端、八王子社のある標高466メートル、比高150～200メートルの深沢山に、天正12年(1584)ごろから巨大な城を築き始めた。

武田氏が滅亡したことで 北条領が織田領と隣接

甲斐の武田勝頼が織田との争いで滅んだ時期に合致するが、甲斐との国境近くの八王子城は、武田滅亡後は織田との最前線の城ということになる。

城の全容はつかめていないが、周辺の山や谷等も含め、少なく見積もっても200ヘクタールの範囲に14以上の城郭で構成された一大要塞地帯であったと考えられている。

天正18年(1590)、豊臣秀吉の小田原攻めがはじまると、城主の氏照は精兵を引き連れて小田原に入っており、残された八王子城は、老臣を中心に、女子どもや周辺の農民など2千ほどの人数で守るのみであった。

豊臣軍は、先手として真田昌幸、さらには上杉景勝、前田利家といった有力な大名を動員し、その兵力は1万5千を数えたという。装備もよく、士気も高い豊臣軍にとって、守兵が少ない八王子城は障害ですらなかった。わずか一日で八王子城は落ち、豊臣軍は小田原を目指した。

八王子城　平時は山麓の曲輪群が生活・政務の場として用いられていた。山頂部の主郭からは、北東に筑波山、南に相模湾が見渡せる。（画・香川元太郎　初出・2000年『日本人は石で何を作ってきたか』）

馬冷やしの堀切　西方の詰の城（左上部分の曲輪）と主郭とを断ち切る堀切。

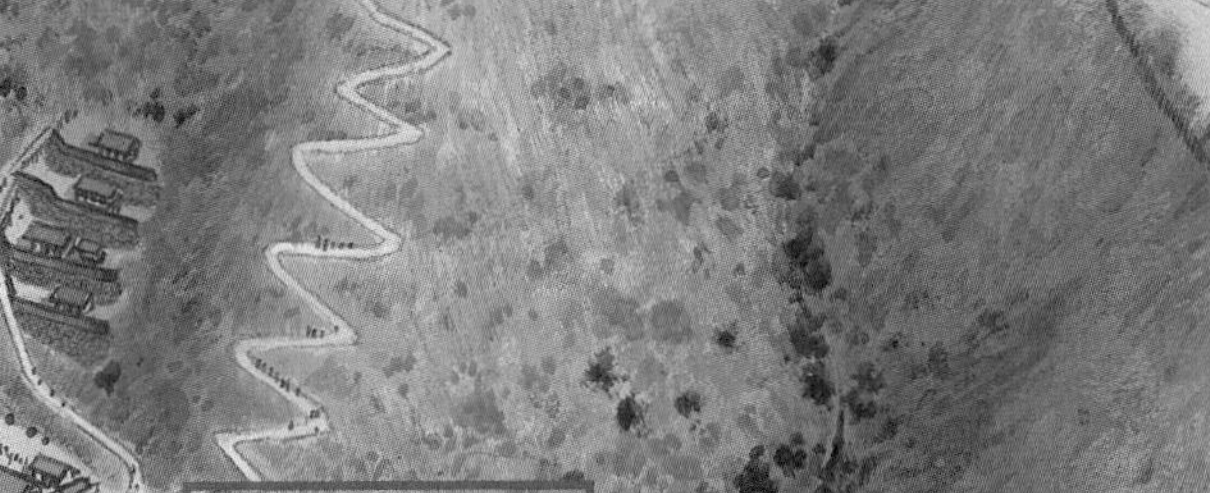

御主殿　城主北条氏照の居館。発掘調査により、石敷きの通路、庭園跡などが確認されている。

徳川幕府が威信をかけて築いた名実ともに天下一の名城

将軍権威の象徴 江戸城

江戸は、世界最大級の城郭都市の一つである。徳川家康が入封以前から関東支配の拠点だった!?

太田道灌肖像（野村文紹著『肖像』より　国立国会図書館蔵）

所在地	東京都千代田区
築城者	太田道灌
築城年	長禄元年（1457）
特徴・歴史	現在の江戸城は徳川時代に築かれたもの。太田道灌が麹町台地の東端部に築いた江戸城は、徳川の江戸城の下で静かに眠っている。

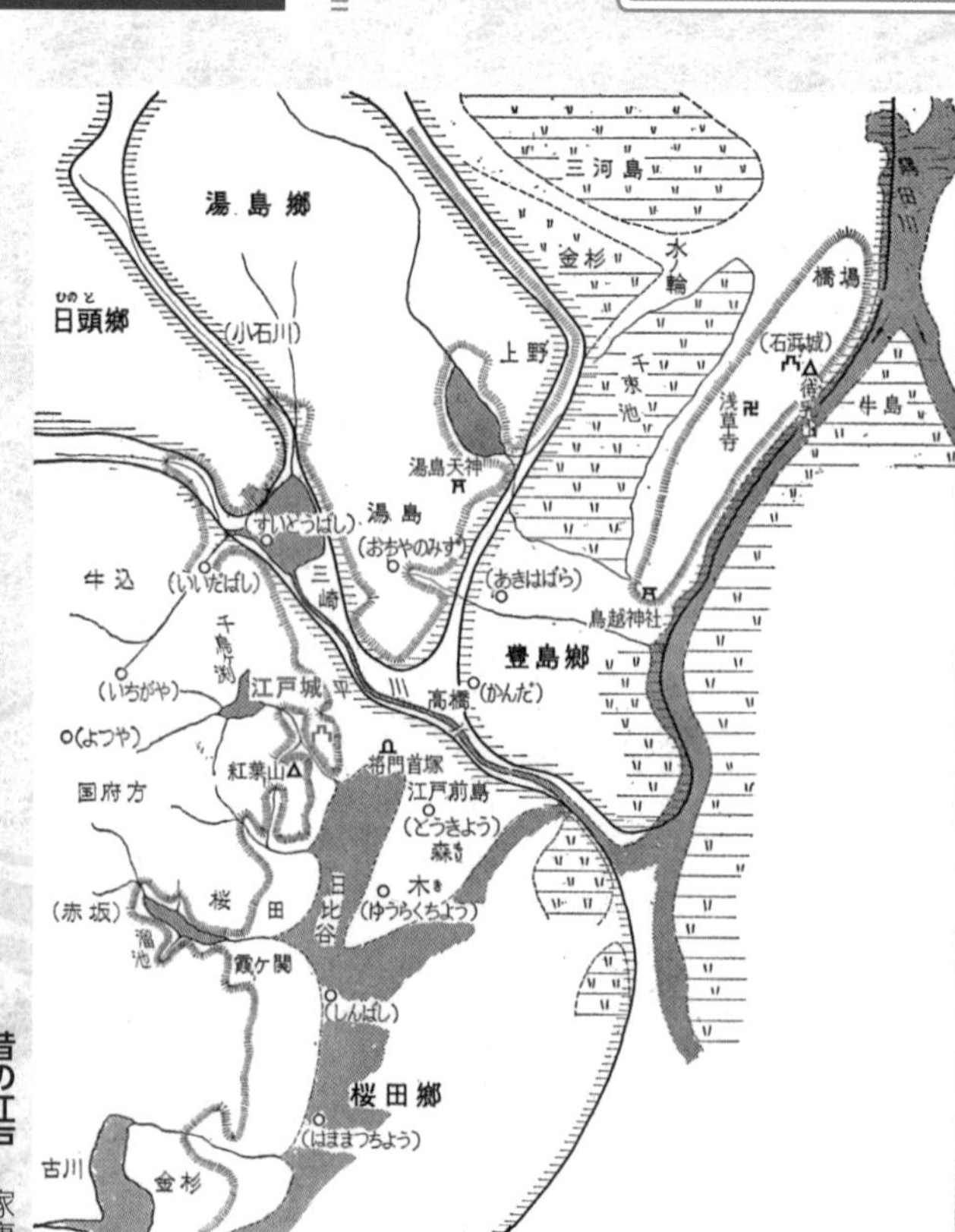

昔の江戸　家康の入封以前は、江戸城の眼前まで日比谷入り江が広がっていた。（『千代田区史』より　個人蔵）

扇谷上杉家を支える忠臣 太田道真・道灌父子

江戸城を最初に築いたとされる太田道灌（資長）は、永享4年（1432）、相模国に、太田道真（資清）の子として生まれた。道真は関東管領扇谷上杉家の上杉顕房に家宰として仕えた人物。相模守護代も務め、人望も厚かった。

太田道灌も、扇谷上杉家の政真（顕房の子）・定正（顕房の弟）二代に仕え、外交に合戦に築城にと、八面六臂の働きを見せ、扇谷上杉家は次第に関東での存在感を高めることになる。

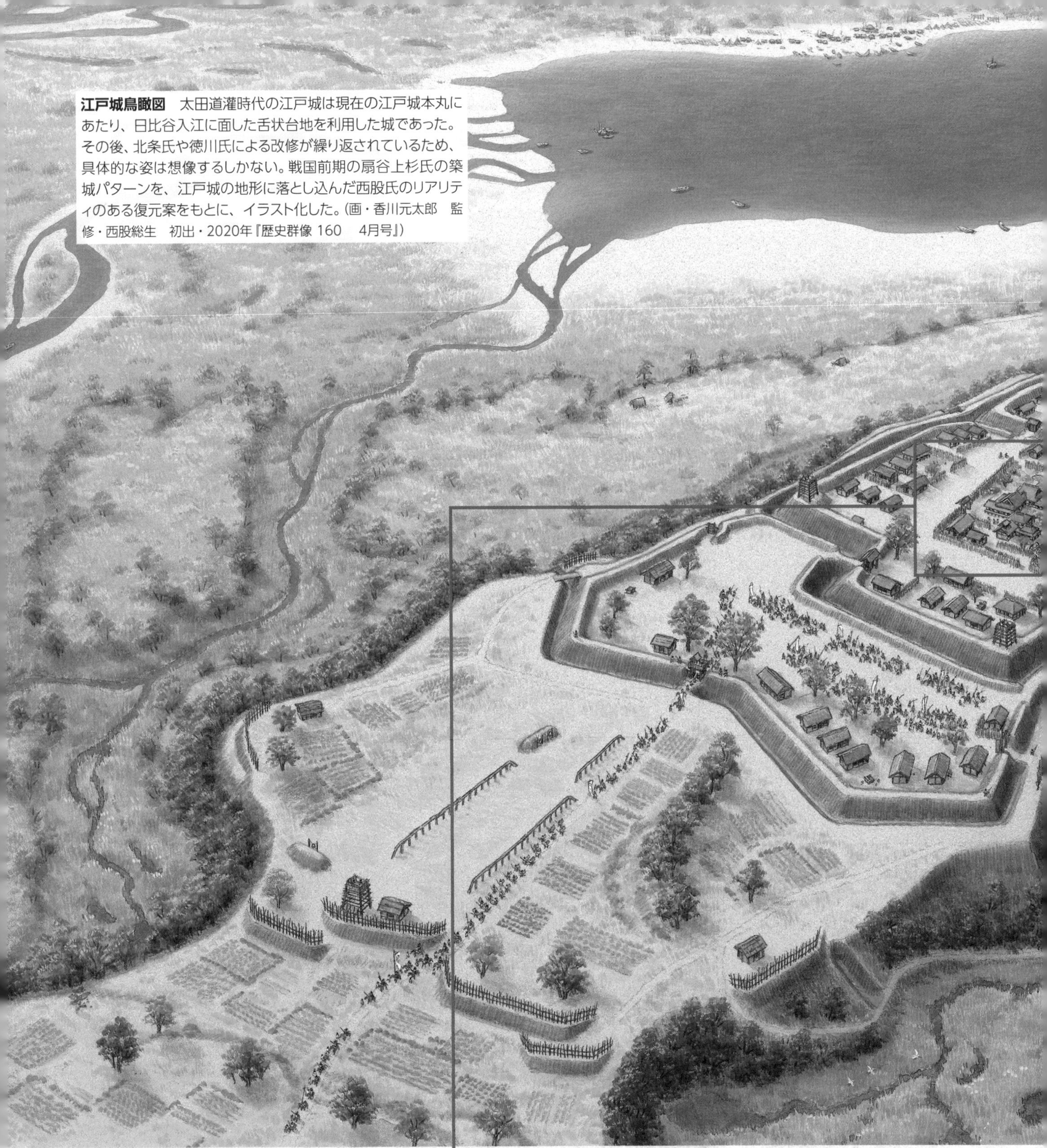

江戸城鳥瞰図　太田道灌時代の江戸城は現在の江戸城本丸にあたり、日比谷入江に面した舌状台地を利用した城であった。その後、北条氏や徳川氏による改修が繰り返されているため、具体的な姿は想像するしかない。戦国前期の扇谷上杉氏の築城パターンを、江戸城の地形に落とし込んだ西股氏のリアリティのある復元案をもとに、イラスト化した。（画・香川元太郎　監修・西股総生　初出・2020年『歴史群像 160　4月号』）

道灌は、河越城、岩付城をはじめ、関東で多くの城を築いたとされているが、近年では、岩付城は成田氏が築いたとの説が有力だ。実は、道灌が実際にどの城を築いたのかは不明な点が多い。後年、道灌の名声にあやかり、道灌が築いたことにされた城が少なくないと推測されているが、道灌が築城の名人であったことは確かなようだ。

関東公方への備えとして江戸城が築かれる

道灌が江戸に城を築いたのは、扇谷上杉家と敵対する関東公方側の武将、房総の千葉氏の西方進出を防ぐことが最大の目的であったと考えられる。

静勝軒　太田道灌が江戸城に建てたと伝わる櫓風建築物。

戦国時代の江戸城　徳川家康が江戸城に入った時、御殿はかなり痛んだ状態であったが、家康は応急修理をして使ったと記録されている。画面右下に太刀持ちを従えている人物が確認できる。（画・香川元太郎　監修・西ヶ谷恭弘　初出・1990年『東京の一万年 上巻』）

江戸城が築かれた江戸という土地は、関東公方の勢力である上総、下総との最前線であり、さらには、扇谷上杉家の拠点である鎌倉府と河越城の中間点であることから、扇谷上杉家における戦略的な要所であった。また、荒川・利根川の水路により味方の河越城、岩付城と連絡できることも江戸の戦略的価値を高めていた。

康正2年（1456）頃、道灌は戦略的要地の江戸に築城を開始し、翌年、一応の殿舎は完成した。なお、江戸城は、道真と道灌の親子二代で築いたと考えるのが妥当であろう。その後も道灌は江戸城整備を継続し、20年後の文明7年（1475）頃にほぼ完成したと考えられている。

江戸城は、武蔵野丘陵の先端、麴町台地の舌状の東端部を利用して築かれた城である。急峻な崖が30メートルもの高さで屹立し、城の周囲を土塁と堀で囲んでいる。

この高台の城に、道灌は静勝軒と呼ばれる見晴らしの良い櫓を建てていたとされる。家康が江戸城を築く時には、土井利勝がこれをもらい受け、佐倉城本丸に移築したと伝わっている。天守という言葉のない時代ではあったが、この櫓は、天守の原型であったと言うことも可能であろう。

道灌の働きにより扇谷上杉家は勢力を増大させ、同時に道灌の名声は主家を上回るものとなった。文明18年（1486）7月26日、道灌の主家、上杉定正は道灌を屋敷に招いて殺害している。自分以上に声望のある道灌の存在に、恐れを抱いたからであろう。

扇谷上杉家は衰退し 江戸城は北条氏綱が支配

道灌の死後、扇谷上杉家は急速に力を失っていく。大永4年（1524）、北条氏綱が武蔵に侵攻し、高縄原の戦いで上杉勢は敗走。氏綱は空き家同然の江戸城を奪っている。これ以降、北条氏は関東の領地を拡大し、江戸城は北条氏の支城として改修整備され活用されることになる。

北条氏の江戸支配については史料があまり残されておらず不明な点が多いが、江戸の城下は次第に整備され、地方都市としてはある程度の繁栄を誇っていたようである。

江戸は鄙びた寒村ではなく 北条氏の関東支配の拠点だった

徳川家康が入封するまで、江戸が鄙びた寒村であったというのは、家康の都市開発の見事さを際立たせるための誇張表現であろう。

江戸は太田道灌の時代と同様、北条氏の時代においても要地であることに

正保年中江戸絵図　正保（1644〜1648）時代の江戸の絵図。江戸および江戸城は、地形が一新されるほどの大規模な整備が行われた。（国立公文書館蔵）

寛永期天守と北桔橋門　三代将軍家光時代の寛永期天守を北から見る。寛永期天守は当時日本一大きい天守であったが、明暦の大火で、御殿などと共に焼失。その後天守は再建されなかった。（画・香川元太郎　初出・1994年　学研『名城の天守総覧』）

変わりはなかった。52ページのイラストを監修された西股総生氏によると、北条氏の支城において、もっとも文書に名が登場するのは江戸城であったという。この事実から、江戸城は北条領国の中の副首都のような位置づけであったと西股氏は推測している。

豊臣秀吉による小田原攻めの後、秀吉により関東に移封となった家康は、江戸を関東支配の拠点として、城下の開発を行った。

家康は、城の整備よりも先にまず市街地の整備を優先した。江戸川の水を引いて飲み水を確保し、次に堀を造って江戸湾から城内への水路とした。そして城地を拡大するため神田山を切り崩して湿地帯を埋め立てた。

川と堀とを上手く利用した江戸は、まさに水の都であった。その後、江戸が同時代でトップクラスの規模を誇るまでに成長し、18世紀には100万人を超す大都市となったのも、その水運によるところが大きい。

秀吉があの世に旅立ち、関ヶ原で勝利した家康は、征夷大将軍に任じられ、名実ともに天下人となる。秀吉に気を遣う必要のなくなった家康は、ここでようやく本格的に江戸城の改築に着手する。

その後、二代秀忠、三代家光の時代まで段階的に普請は続き、30年ほどの年月をかけ、莫大な資金と労力を投じて、ようやく江戸城は完成した。

天守が火災で焼失した後 再建を取りやめた江戸幕府

天守は白く美しい壁で覆われ、高さも当時の全国の城の中で最大であった。信長時代から、天守には統治の象徴という意味合いが込められていたようで、信長、秀吉、家康と、それぞれが天守に強いこだわりをもって築いている。

江戸城天守は、豊臣時代の大坂城の天守を遥かに凌ぐ高さで造られた。

江戸は火事が多く、天守も3度の火災で焼失し、その都度新たに建て直されたのだが、4度目の火災後は建て直されず今は天守台のみがその名残を伝えている。これは、天守再建に費用をかけるよりも、江戸の町、庶民の暮らしの再建を優先した結果である。

実は江戸城は、明治維新という激動期を含め、一度も戦禍に遭ったことがない幸運の城であった。この事実は、徳川家の治世の安定を示していると考えていいだろう。

現在の江戸城は皇居となっているため、立ち入りがゆるされない区域が設定されているが、旧江戸城本丸、二の丸、三の丸の一部が皇居東御苑として一般に開放され、庶民の憩いの場となっている。天守のない江戸城は威圧感がなく、まさに平和な日本を象徴している城である。

第四章

東海・近畿の名城のヒミツ

長篠城（香川元太郎）

静岡県の名称の語源となった山に築かれた山城

駿府の詰の城 賤機山城

東海地方の有力大名、今川氏が駿河の太守であった時代。居館である駿府館の詰の城として整備された賤機山城（しずはたやまじょう）の謎。

所在地 静岡県静岡市
築城者 今川氏
築城年 不明
特徴・歴史 駿河守護の今川氏の居館である駿府館の詰めの城（有事のための城）。武田信玄が支配した時代も整備は続けられていた可能性がある。

駿河、遠江、三河、尾張の一部を領有し、関東の北条、甲斐の武田と同盟を結んでいた今川義元は、桶狭間の戦いで織田信長に討ち取られるまで、全国でも有数の有力大名であった。

その今川義元の本拠である駿府は「東の都」とすらいえる繁栄を謳歌し、経済的にも文化的にも一流の都市に成長していた。なお、駿府とは駿河の国府という意味である。

義元の居館は「今川館」と呼ばれていたが、文献には「駿府城・府中城」といった表現が見られる。しかし、規模的にはあくまでも「館」レベルであり、城としての防御機能は、それほど高くはなかったと考えられている。

駿府館の詰の城として近隣の賤機山に城を築く

有事の際には、今川館の北西約800メートルほどの位置にある、標高171メートルの賤機山に築かれた賤機山城が詰の城として機能し、防御力を担保していた。

応永11年（1404）、今川氏6代の範政により今川館は築かれたという。賤機山城も、同じころに整備されたとする説もあるが、実際のところは不明である。

今川氏は代を重ね、勢力の拡大とともに駿府の町も整備されたが、今川館が本格的な城として大規模改修されることはなく、賤機山城は今川氏の時代を通して、詰の城として維持され続けた。

徳川家康が駿河を支配した頃、廃城とされたようであるが、いつ廃されたかは不明である。

賤機山城　今川氏の詰の城。右上に見えるのが今川館で、その跡地は後年駿府城となる。規模は大きいが比較的単純な造りのオーソドックスな中世山城。今川義元が討たれたのち、今川氏真が武田氏の侵攻に備えて兵を配している設定で描かれている。（画・香川元太郎　監修・西股総生　初出・2021年『歴史群像169　10月号』）

駿府城と賤機山　右下の方形の城郭が駿府城。左手の緑の山が賤機山城が築かれた賤機山。（国土地理院の航空写真）

歴史の転換点として名を刻んだ、守りの堅い小さな城

武田の墓標 長篠城

わずか500の兵で武田軍1万5000の攻撃に耐え続け、織田・徳川連合軍の歴史的大勝利のきっかけをつくった城のヒミツとは？

所在地	愛知県新城市
築城者	菅沼元成
築城年	永正5年（1508）
特徴・歴史	三河、信濃、美濃に至る水陸交通の要所に位置する。宇連川と豊川の合流点に築かれ、両川を堀に見立てた後ろ堅固な城。

武田の精兵15000が500の兵の長篠城を攻める

天正3年（1575）4月、武田勝頼率いる武田軍が長篠城を攻める。いわゆる長篠の戦いのはじまりである。

長篠城には、徳川から武田に寝返り、さらに武田から徳川に寝返った奥平信昌が入っている。徳川家康を信じて寝返った奥平を家康が見捨ててしまえば、三河での家康の信頼は地に落ちてしまう。つまり家康は、長篠を見捨てることが絶対にできない立場なのである。

長篠城を守るのは奥平信昌以下500ほどの兵。武田軍は1万5000。

これほどの兵力差がありながら長篠城が落ちなかったのは、徳川が同城に、事前に200挺もの鉄砲を入れ置いたからとされる。500の兵に200挺というのは、比率からして異常である。外堀、中堀、内堀の三重の堀の効果もあったと思われる。

また、勝頼が徳川軍をおびき出すために、意図的に攻勢を緩めていたとの説もある。徳川軍本体との決戦のために兵力の温存をしていたとも。ともかく、長篠城は落ちないまま、武田軍は包囲を続けていた。

徳川と同盟している織田信長もここが正念場と考えたのか、徳川に援軍を送る。その数約3万（諸説あり）。

さらに、これに加えて、近畿から動くことのできない軍勢からは細川が100人、筒井が50人といったように鉄砲衆を出陣させ、織田軍の鉄砲部隊は通常よりも濃密なものとなっていた。

両軍が川を挟んで陣地を築いて対峙

織田軍は連子川を堀に見立て、斜面を曲輪状にし、土塁・空堀・馬防柵を備えた野戦築城を施して武田軍と対峙。武田軍もまた、防御陣地を構築して、両軍はにらみ合った。

長篠城概図（参謀本部 編『日本戦史 長篠役』より 国立国会図書館蔵）

医王寺と医王寺砦　右側の高所が医王寺砦で、小山田信茂らが陣として入り、ふもとの医王寺には武田勝頼が入り本陣とした。

長篠城　奥三河の戦国城郭で、川の合流点を利用している。城主の奥平氏は徳川方に付いたが、武田勝頼に攻められて激しい籠城戦を行い、これが長篠合戦の引き金となった。イラストは籠城戦を想定している。（画・香川元太郎　監修・中井均　初出・2002年『歴史群像54　8月号』）

大通寺　背後の高地の大通寺砦には、馬場信房、武田信豊らが陣とした。

戦いの方向性を決めたのは、長篠城攻囲の武田軍を攻撃すべく、織田・徳川軍が編成した4000の軍勢であろう。この別働隊には、旗本鉄砲組500を付けたとされるが、火力に勝る織田・徳川別働隊の攻撃により武田の長篠城攻囲軍は崩れ、その結果、武田本軍は補給路と退路が絶たれる可能性に直面する。

長期対陣ができなくなった勝頼は敵陣への突撃を指示。しかし、鉄砲と柵に守られた防御陣地は突破できずに損害が増え続け、武田軍の敗色が濃厚となる。このとき、武田の一門衆である穴山信君と武田信豊がいち早く後退を始め、これをきっかけに武田勢は総崩れとなり敗北する。

難攻不落と呼ばれた城も何度か落城していた

天下人の居城 岐阜城

平地から見上げると、山頂部には輝く石垣の曲輪群と建造物。なぜ、この山城はあっけなく落ちたのか？

所在地 岐阜県岐阜市
築城者 二階堂行政
築城年 建仁元年（1201）
特徴・歴史 稲葉山に築かれた山城。山頂部には石垣で構成された曲輪が配置され、山麓には豪華な殿舎が建てられた。織田信長の居城。

濃尾平野を見下ろす稲葉山 山頂の曲輪群は天下人の証

鎌倉時代の建仁元年（1201）に二階堂行政がはじめて築城したとされる岐阜城。戦国時代に入ると、織田信長が美濃での拠点としたことで知られている。

織田信長による岐阜城攻めでは、羽柴秀吉の活躍が喧伝され、秀吉が間道を使って城内に忍び込んだと『絵本太閤記』などでは語られている。しかし、実際は稲葉良通、安藤守就、氏家直元らの寝がえりが主たる勝因であろうと思われる。ともかく、難攻不落とされた岐阜城は、意外とあっけなく落ちている。

なお、岐阜城という呼称は信長と、信長の師である禅僧・沢彦宗恩が命名したもので、それ以前は稲葉山城と呼ばれていた。

岐阜城天守 昭和31年に建設されたRC造の再建模擬天守。（写真・望月昭明）

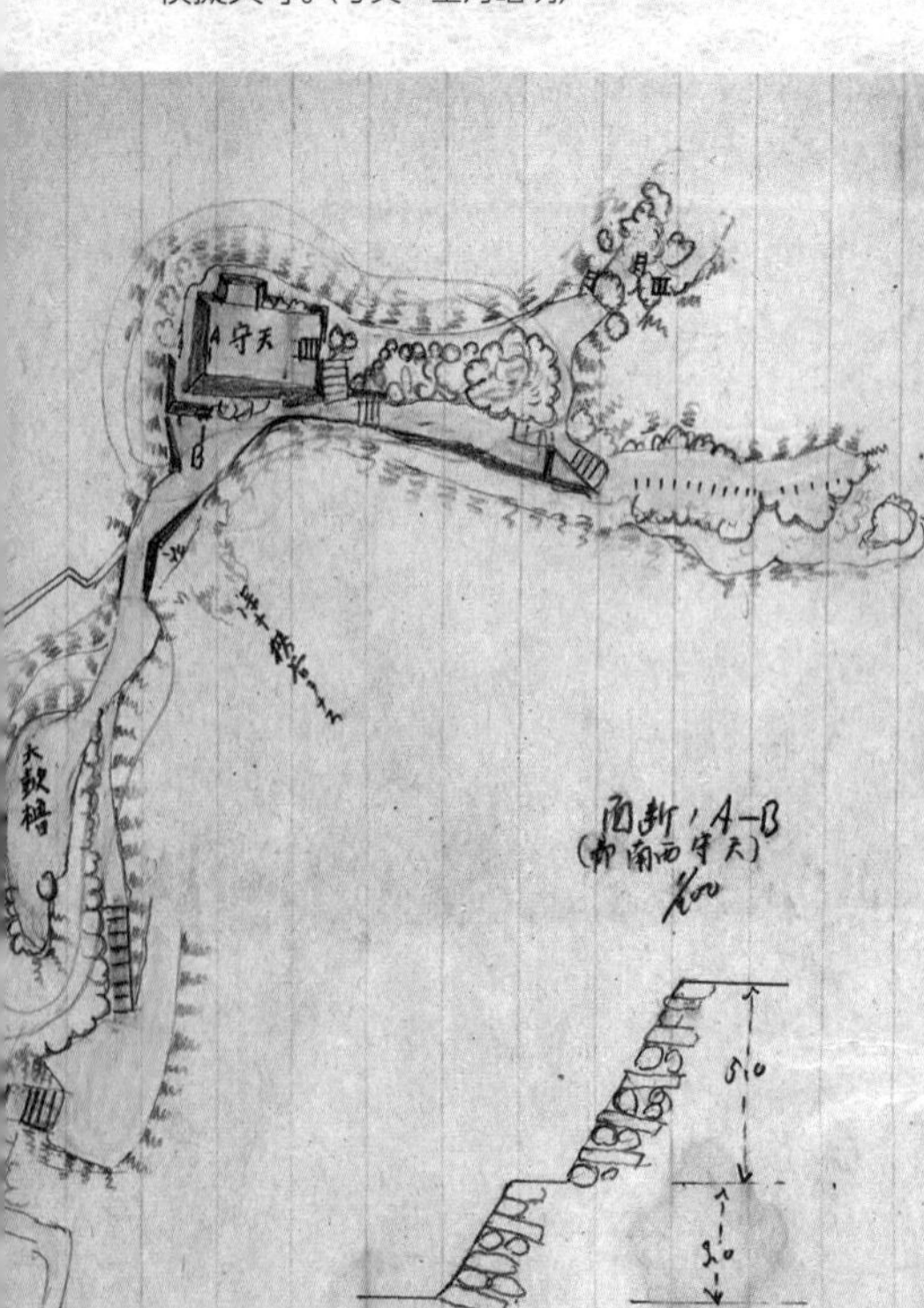

岐阜城本丸 山頂部の曲輪の面積はそれほど広くはなく、構造物もあまり多くはない。（『日本城郭史資料』陸軍築城部本部編より）

関ヶ原の戦いで落城後 家康はあっけなく廃城を決定

岐阜城のある稲葉山は、標高336メートル、比高で308メートルで、平地からの高さがかなりある山城と言えるだろう。

岐阜城は、山頂部に築かれた曲輪群と山麓の居住空間、山中の要所に置かれた砦のような曲輪により構成されている。

ふもとにあった四階の御殿は、禅僧・策彦周良が「天主」と命名し、これが「天主・天守」という言葉のはじまりとされる。

豊臣秀吉が天下人として君臨した時代、岐阜城には信長の孫の織田秀信が入っていたが、関ヶ原の戦いでは、岐阜城はわずかに2日で落とされている。

岐阜城は山全体が城塞化されているわけではなく、中世山城の域を出ない構造であった。山頂にある曲輪のイメージから難攻不落と思われがちであるが、城としての岐阜城は、それほど防備の堅い城ではなかったのだろう。

また、織田秀信が部隊を分散させすぎたことと、寄せ手の池田輝政が過去に岐阜城主であった時代があることで、木曽川の渡河地点を熟知していたことも、防御側には不利に働いたものと思われる。

岐阜城があっけなく落ちたことが理由かは不明であるが、徳川家康は関ヶ原の戦いの翌年、躊躇することなく岐阜城を廃城としている。すでに山城の時代ではなかったということもあるのだろう。

岐阜城　戦国時代には稲葉山城と呼ばれ、斎藤氏の本拠だったが、後に織田信長が攻略し信長の居城となる。ここでは山上の曲輪群を、織田信長時代を想定して復元。一ノ門や裏門、天守など、最新の調査成果を反映させている。（画・香川元太郎　監修・中井均・岐阜市文化財保護課　岐阜県蔵）

この城を小早川秀秋が占拠したことで戦いの趨勢は決定した

関ヶ原を見下ろす 松尾山城

小早川秀秋は松尾山城を勝手に占拠し、戦機が熟すと西軍の大谷吉継の陣に一気呵成に攻め込んだ。小早川は裏切り者ではなく、もともと東軍だった！

所在地　岐阜県関ケ原町
築城者　富島氏か？
築城年　応永年間頃（1394〜1428）
特徴・歴史　美濃守護土岐氏の守護代富島氏が築いたとの伝承のある城。豊臣秀吉の時代には使われていなかった。

少し前までの通説では、関ヶ原の戦いの決戦当日、西軍であった小早川秀秋が西軍を裏切り、これが致命傷となり西軍は敗北したと語られていた。

近年では、秀秋は関ヶ原に着陣する以前から東軍として行動していたとの説が少しずつ支持を集めている。

また、秀秋が本陣とした松尾山について、城郭研究家の中井均氏が松尾山は城郭であったと発表し、近年では松尾山は「松尾城」「松尾新城」「松尾山城」などと呼ばれるようになった。

松尾山城縄張図・現況　関ヶ原の戦いの決戦前、伊藤盛正が松尾山城を整備していた。（中井均作図の縄張図をもとに作成）

松尾方面へ
大谷吉継方向
山中方面へ
主郭
平井方面へ

関ヶ原での小早川秀秋の陣 松尾山は急所の城であった

西軍の指導的立場にあった石田三成は大垣城を西軍の拠点とし、松尾山城には、大垣城主の伊藤盛正が入り、修築整備を行っていた。

三成はこの松尾山城に「中国衆」を入れるつもりだった旨の書状を増田長盛に出している。この「中国衆」とは毛利勢、とりわけ毛利輝元の本隊ではないかと推測されている。

三成の思惑を無視して、松尾山城には小早川秀秋が伊藤盛正を追い出す形で入っている。それだけで西軍に対する敵対行為に近いのだが、三成ら西軍首脳は、秀秋の懐柔が可能であると考えたのか、その後も秀秋に対して攻撃はせず、味方した場合の報酬などを提案し、交渉を継続した。

松尾山城からの出撃で 西軍は近江への退路を失う

東西両軍が激突した9月15日、秀秋の軍が松尾山城から大谷吉継隊に攻めかかり、西軍は敗北している。

地形的に見て、秀秋の軍勢が吉継の陣に攻めかかる場合は、山中口からということになるが、大軍が一度に移動するのは難しく、松尾山城の主たる出入口と考えられる南側の平井口からも軍勢を出撃させたものと思われる。

松尾山城　関ヶ原の南西部にある山城。戦国期から存在したが、関ヶ原の戦いで西軍の陣として使われた。総大将の毛利氏が入る予定だったと考えられているが、小早川秀秋が陣を構えた。主な曲輪は土塁で囲まれている。（画・香川元太郎　監修・中井均・関ヶ原町　岐阜県蔵）

関原本戦之図　関ヶ原の戦いの東西両軍の推定布陣図。（参謀本部 編『日本戦史　関原役』より）

平井口から出撃した小早川兵は、迂回して中山道（東山道）を通って大谷吉継の陣の側面を襲う形となる。その場合、中山道がふさがれ、西軍の近江方面への撤退は困難となる。松尾山城は、西軍にとって、近江方面との連絡と、撤退ルートの確保という意味でも、急所の城であったといえるだろう。

豊臣秀頼を封じ込めるため、広大な城域を持つ城が築かれた

徳川の橋頭堡 彦根城

徳川家康にとって、唯一の不安材料は大坂の豊臣秀頼である。京と大坂に睨みを利かせるため、家康が築いた城の全貌とは？

上空からの彦根城　1982年に撮影された航空写真。外堀は多くが埋め立てられてしまっているが、改変された芹川の流路、中堀、内堀が確認できる。（国土地理院の航空写真）

天秤櫓と廊下橋　廊下橋は戦時には落とす想定だったという。（写真・望月昭明）

所在地　滋賀県彦根市
築城者　徳川家康・井伊直継
築城年　慶長11年（1606）2期までの工事が完了。竣工は元和8年（1622）
特徴・歴史　関ヶ原の戦いの後、要地である近江には井伊直政が入り、大坂への抑えとして彦根城が築かれた。

石田三成の佐和山城跡地を嫌い彦根に新規に城を築く

彦根城を築かせたのは徳川家康である。関ヶ原の戦いに勝利した家康は、西軍の実質的指導者である石田三成の居城佐和山城をも攻め落とし、これをその所領とともに、信頼できる井伊直政に与えている。中山道（東山道）を扼する近江の地は、東西交通の要衝であり、大坂の豊臣秀頼を抑える意味でも、重要な土地であった。

近江東部で18万石を与えられた直政であったが、関ヶ原の戦いでの傷が癒えず、慶長7年（1602）に死去し、家督は長男の直継（後に直勝）が継ぐ。しかしながら、直継は若年で、なおかつ病弱であったため、政務の多くは家臣が代行した。

生前の直政は石田三成の居城であった佐和山城の使用を嫌い、新城の築造を計画していた。直継はこれを引き継ぎ、慶長8年（1603）より築城工事は行われ、その3年後にはとりあえずの完成を見た。

城地は、家康の判断もあり、標高136メートルの彦根山が選ばれた。

家康にとっての彦根城は、井伊家の居城というよりも、大坂の豊臣秀頼を包囲する徳川方の拠点の城という認識であったように思われる。そのため平野部に大軍を集結できることが前提の

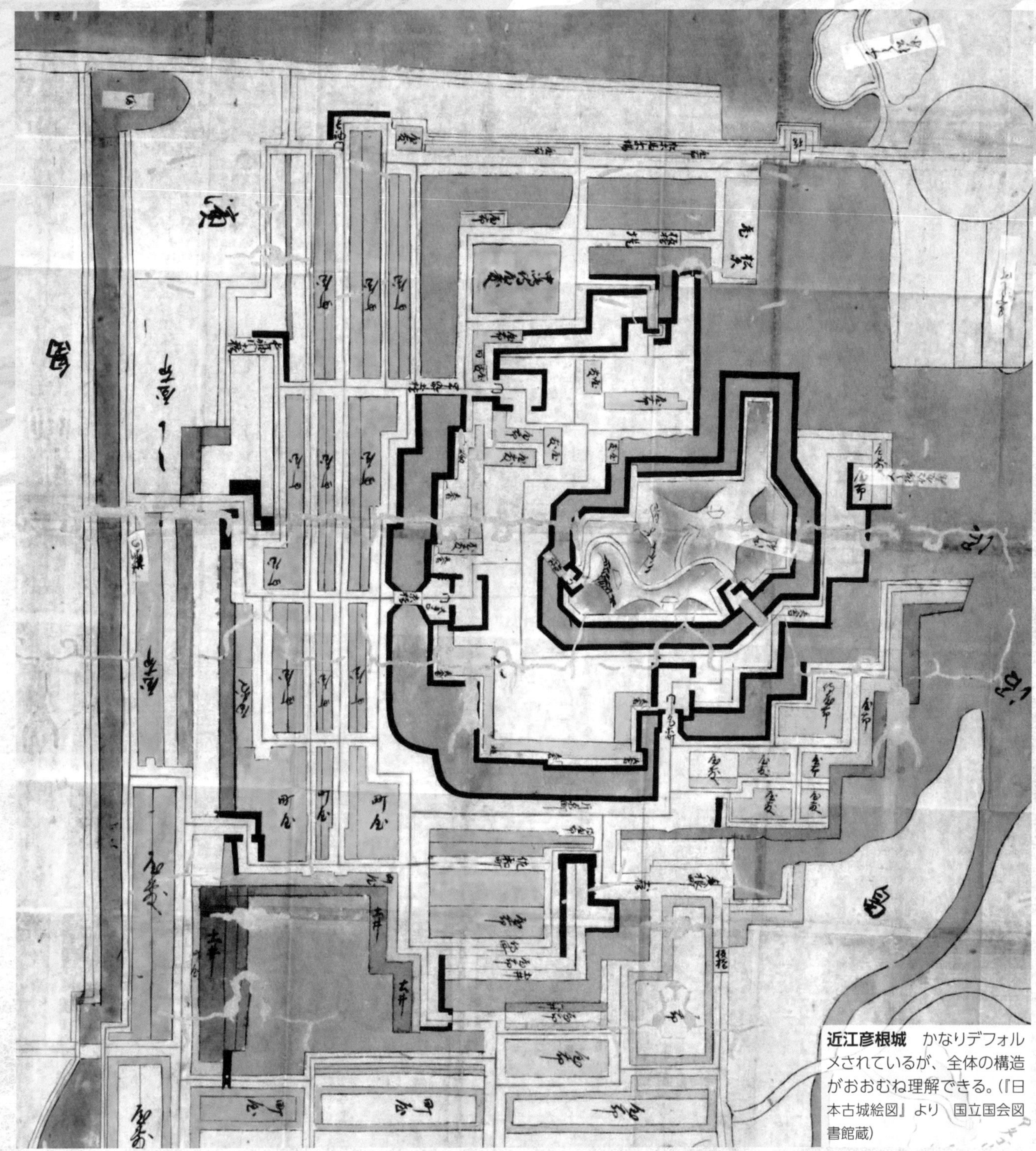

近江彦根城 かなりデフォルメされているが、全体の構造がおおむね理解できる。(『日本古城絵図』より 国立国会図書館蔵)

一つとなり、家康は彦根山周辺を選んだものと推測される。

彦根城は、幕府が主導する形で7か国12大名に手伝普請を命じて築かれた。豊臣家包囲が目的の一つであったため工事は急がれ、周辺の城から多くの部材を運んで流用している。天守は大津城からの移築であり、石垣の石には、佐和山城、大津城、長浜城などから運んだものが用いられた。

構造的には、山頂部に詰の城を置き、山麓に居館を設けるという平山城のタイプで、朝鮮倭城に特徴的な構造である登り石垣など、新しい技術もふんだんに取り入れられ、かなり実戦的な、軍事重視の城として築かれた。

城の南側を流れる芹川は、もともとは城の北側で琵琶湖に注いでいたが、これを防衛線として利用するため、運河を開削して南側に付け替えられている。これにより彦根城は、芹川、外堀、中堀、内堀と、4重の防衛線を持つ重厚な守りの城として完成した。航空写真を見ていただければ理解できるように、惣堀として機能する芹川の手前の外町(惣構)は、広大な敷地を確保している。これは、大坂を攻める場合、幕府方の大軍と、膨大な物資がここに集積されることを前提としてのものである。

彦根城　三重の堀に囲まれた広大な構えは、譜代大名の筆頭格だった井伊家の城ならでは。琵琶湖の湖水を防御と水運の両面に利用した彦根城は、水城と捉えることもできる。（画・香川元太郎　初出・2002年　PHP研究所『名城を歩く』4）

彦根城天守と本丸　天守は大津城から移築されたと伝わっている。三重三階で、多くの破風が配され、美しい外観を形作っている。

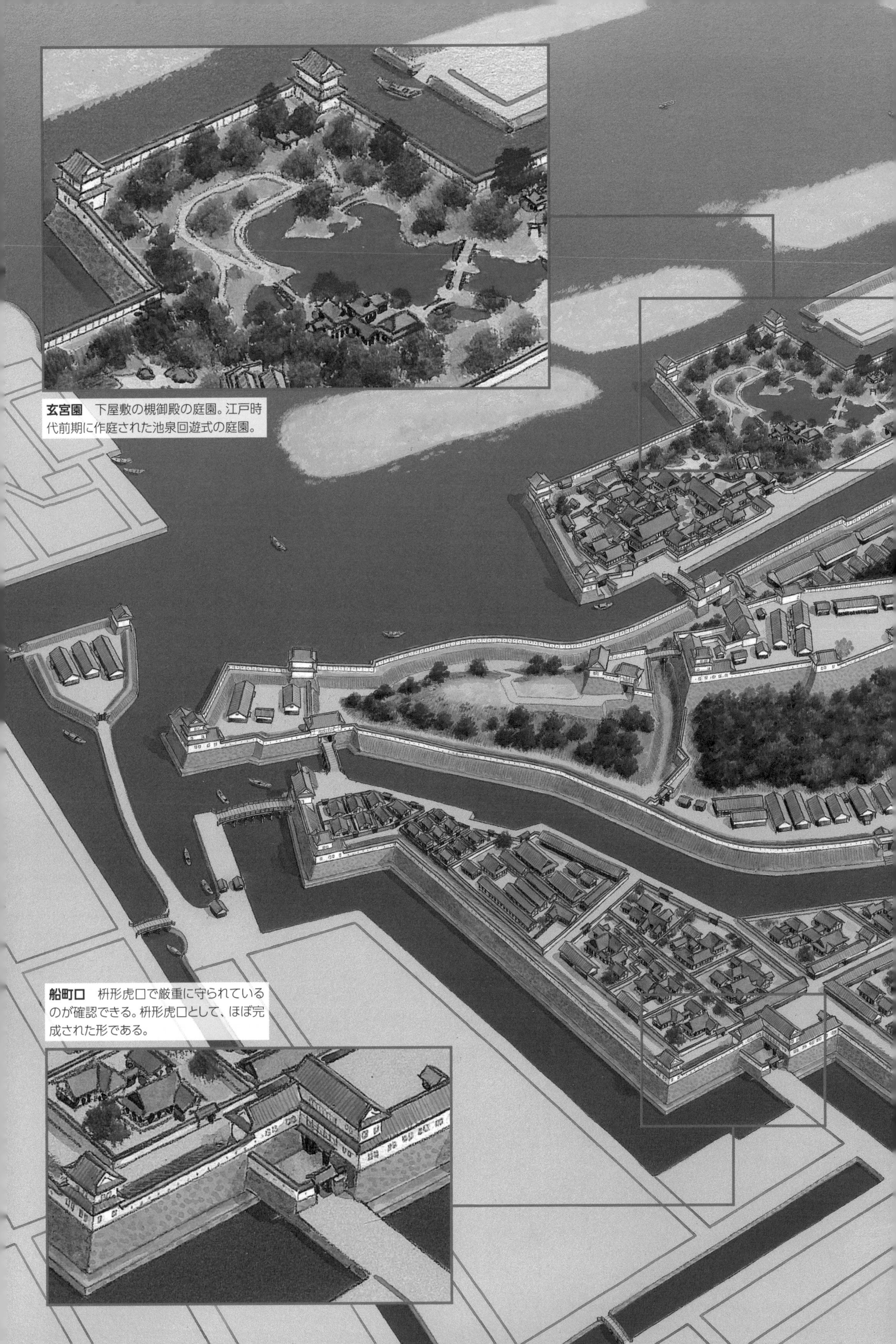

玄宮園　下屋敷の槻御殿の庭園。江戸時代前期に作庭された池泉回遊式の庭園。

船町口　枡形虎口で厳重に守られているのが確認できる。枡形虎口として、ほぼ完成された形である。

秀吉が築かせた絢爛華麗な城

豊臣の政庁 伏見城

大坂城や聚楽第が豊臣の政庁だった時期はとても短く伏見城こそが豊臣政権の政庁であり、象徴であった。そして防衛力も非常に高かった。

所在地	京都市伏見区
築城者	豊臣秀吉
築城年	文禄元年（1592）
特徴・歴史	当初は小規模な城であったが大規模な拡張工事を実施。地震で倒壊後、あらためて築城。関ヶ原の戦いで焼亡した後も、家康が再建した。

新規築城に近い大規模改修直後 大地震により全壊という悲劇

関白に任官した豊臣秀吉は、その後、甥の秀次に関白職を譲り、文禄元年（1592）に隠居城として伏見に新城を築いている。

淀川の水運により大坂と連絡し、京の地を抑えることのできる伏見は、まさに要の地であった。当初はそれほど規模の大きな城ではなかったが、豊臣秀頼誕生で秀頼に大坂城を譲ることを考えたことと、明国との講和交渉を行うことになり、明国に日本の勢威を示すためといった目的が付加され、伏見城は本格的な城として再工事が行われた。翌年にはほぼ完成し、秀吉もこの時に移り住んでいるが、文禄4年（1595）の大地震でこの時の伏見城は全壊している。

秀吉はすぐさま伏見城を再建しているが、今度は地盤の堅固な木幡山を本丸とした。新しい伏見城は、秀吉の権威を飾るにふさわしい、まさに豪華絢爛な城として完成した。

慶長3年（1598）8月18日、稀代の英雄豊臣秀吉は、美しい伏見城でその波乱の人生に幕を閉じた。在城期間わずかに4年。

自身の生涯を夢のようであったと辞世に詠んだ秀吉にとって、心残りは、遺児秀頼の将来であった。死を前にした秀吉は、五大老五奉行に秀頼と豊臣家を託し、彼らに誓書を提出させたが、その誓いの言葉は守られることはなかった。秀吉の死後、伏見に徳川家康が入ると、その直後から世間は家康が天下様になったと噂している。

家康の専横に異を唱えた石田三成が挙兵した時、この伏見城は徳川家の鳥居元忠が1800ほどの兵で守っていた。三成ら西軍はこれを4万の軍勢で強襲。しかし、鉄壁の伏見城はこれだけの兵力差がありながら、半月ものあいだ持ちこたえている。

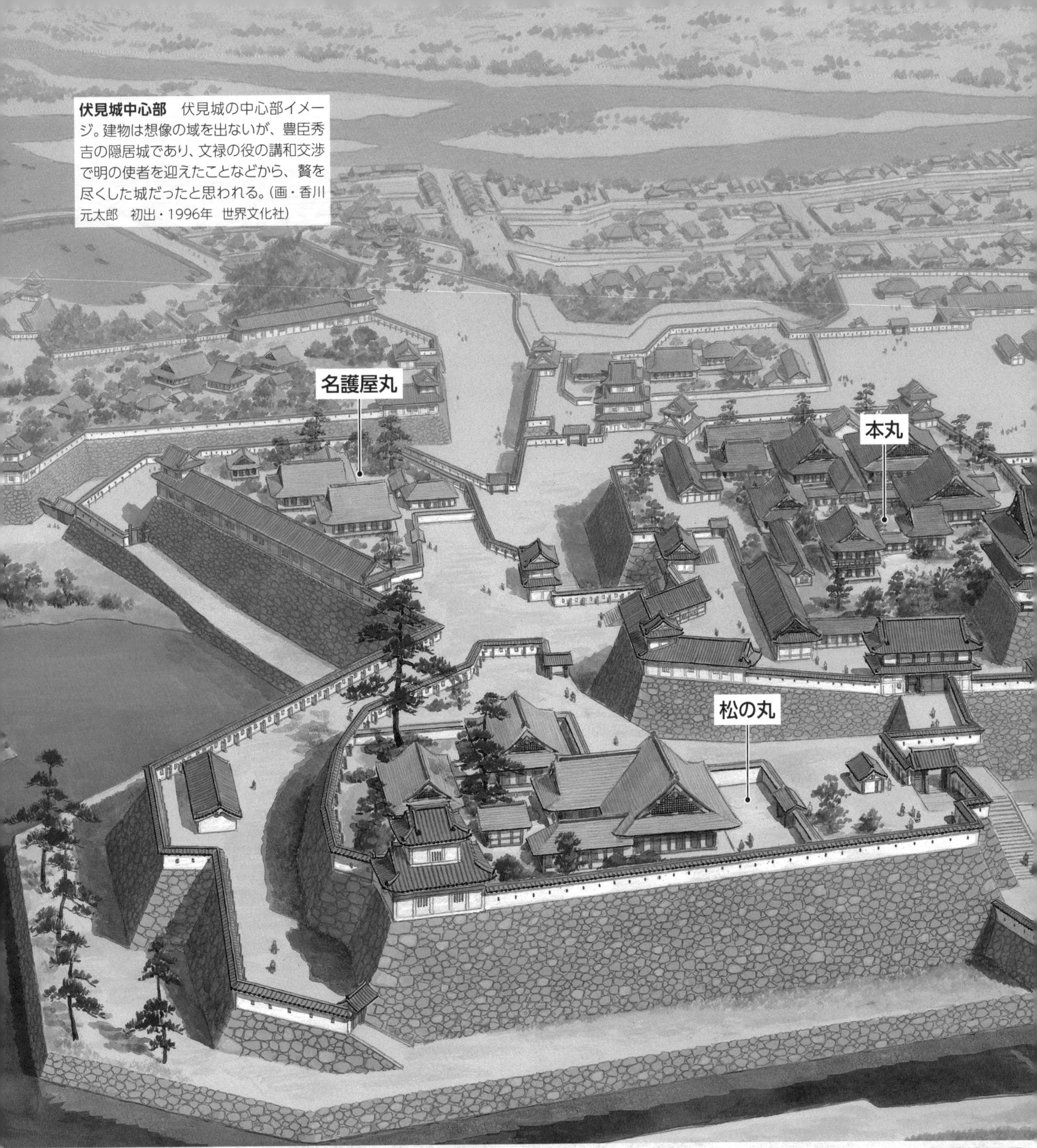

伏見城中心部　伏見城の中心部イメージ。建物は想像の域を出ないが、豊臣秀吉の隠居城であり、文禄の役の講和交渉で明の使者を迎えたことなどから、贅を尽くした城だったと思われる。（画・香川元太郎　初出・1996年　世界文化社）

名護屋丸

本丸

松の丸

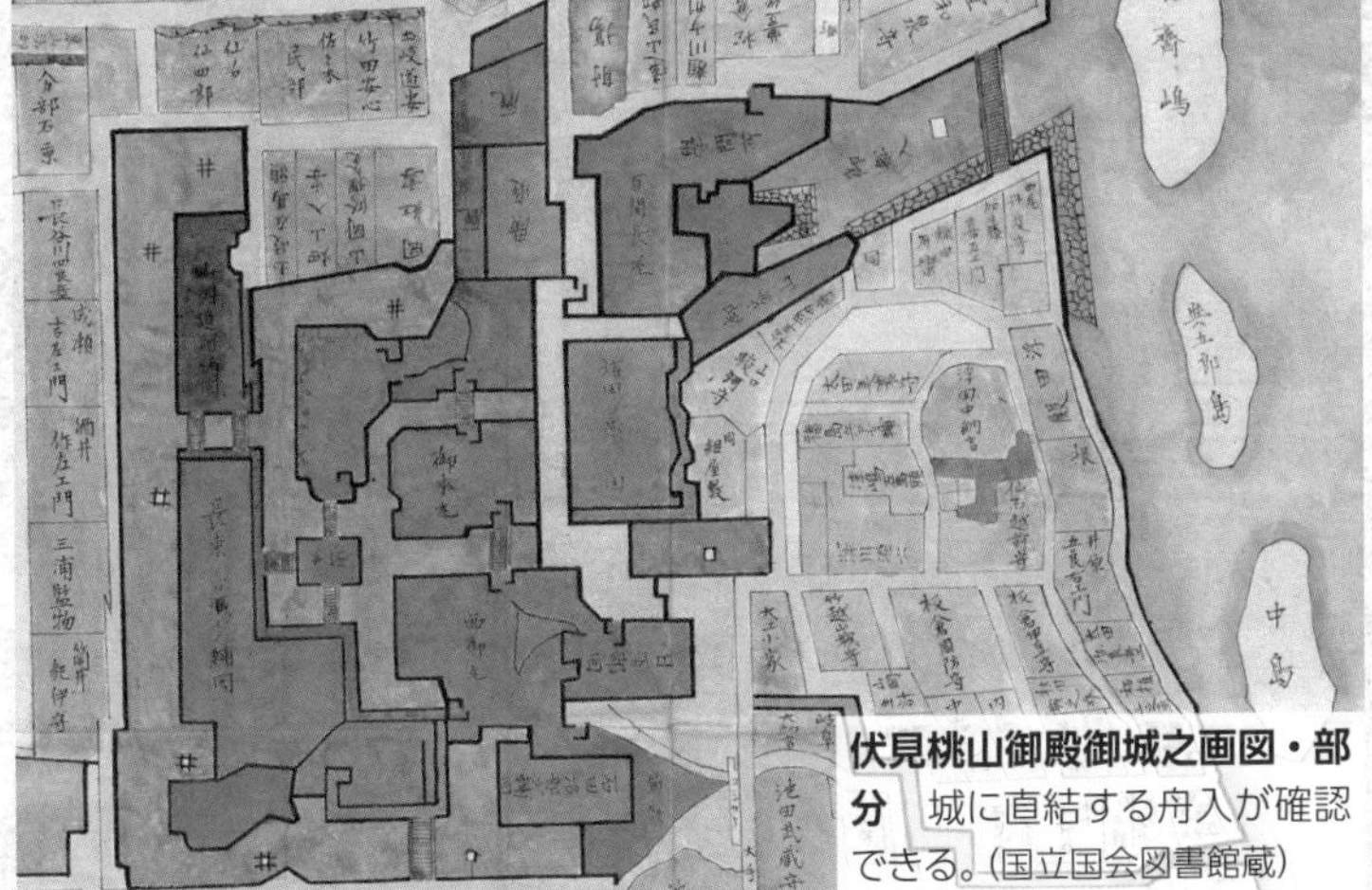

伏見桃山御殿御城之画図・部分　城に直結する舟入が確認できる。（国立国会図書館蔵）

豊国神社の唐門　伏見城から移築されたものという伝承がある。（写真・望月昭明）

太閤が築いた名城の上に建てられた徳川の城

最強の地形 大坂城

大坂の陣で完全に破壊されつくした太閤秀吉の大坂城。家康は新しい大坂城を、秀吉の城を埋めたうえで築きなおした。

所在地	大阪市中央区
築城者	豊臣秀吉
築城年	天正11年（1583）
特徴・歴史	大坂本願寺の跡地に秀吉が築かせた巨大城郭。普請を繰り返して防備を強化したが、大坂の陣で落城。その後は徳川幕府が接収して再築。

大阪城公園に現存する堀や石垣は、大坂の陣で豊臣家が滅んで後、徳川幕府により築かれたもので、秀吉時代の大坂城の痕跡は、地中深くに完全に埋没している。

秀吉以前はというと、この地は、本願寺の拠点「大坂本願寺」であった。

湿地に周囲を囲まれた舌状台地の先端を利用

大坂本願寺は信長が十年かけても落とすことができず、最終的には和議を結んだ上で本願寺勢が退去している。

この城が信長の攻撃に耐えるほどに防御力があったのはなぜか。それは、この城の周囲がほとんど水域であったことに由来する。戦国期までの大坂城周辺は、そのほとんどが川と低湿地、そして島という地形であった。

大坂城として完成させた秀吉もまた、この低湿地としての利点を残し、城の機能として取り入れ、防御能力を高めている。

地形的な特徴としてはもう一つ、この地が上町台地という舌状台地の北端部に位置しているという点も挙げられるだろう。上町台地の最高地点は大坂城の天守台あたりで38メートル。築城時に盛土されているとしても、周囲が海抜ゼロメートル前後であることを考えると、この高低差はとても大きい。

大坂城の価値は城としての防御能力のみではない。瀬戸内に面し、さらには淀川の水運で京にも通じ、近隣には天下一の商業都市である堺があるという発展性のある土地であった。

豊臣が滅亡した後、幕府は大坂城をほぼ新規築城に近い形で再建した。当時の殿舎などはほとんど残されていないが、見事な石垣と堀に往時の姿を感じることができる。

昭和6年に建設された復興天守も城らしさを演出し、訪れる人々を楽しませている。

江戸時代前期（寛永期）の大坂城　南から。大坂の陣の際に埋め立て、破壊された秀吉時代の大坂城の上に、幕府が多くの大名を動員した天下普請で築かれた。広い堀と高石垣のスケールの大きさは、日本の城でも随一。（画・香川元太郎 初・2003年 PHP研究所『名城を歩く』11）

枡形虎口　虎口の内外に複数の御番所が設置されていて、警備の厳重さがわかる。

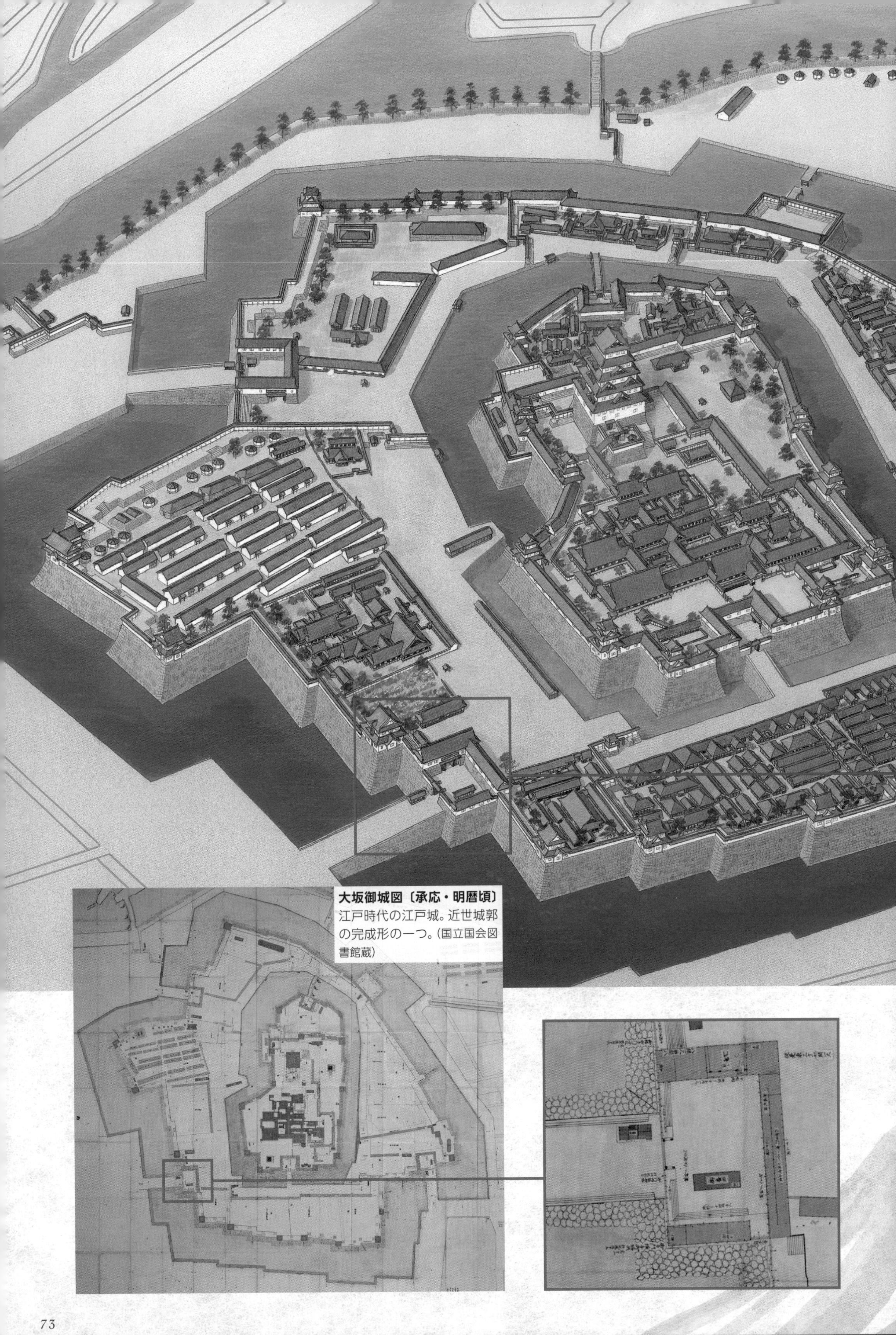

大坂御城図〔承応・明暦頃〕
江戸時代の江戸城。近世城郭の完成形の一つ。(国立国会図書館蔵)

近世城郭の主要部の多くが現存している稀有な城

日本の宝 姫路城

西国の豊臣恩顧の外様大名たちを抑える幕府側の楔、姫路城。注目すべきは広大な中曲輪とその外周の外曲輪。

奇跡的に城の構造を現代まで残す、日本が世界に誇る姫路城

姫路城は、外堀、中堀、内堀と、三重の堀に囲まれた惣構の城で、外堀の総延長は11・7キロ、総面積233ヘクタールという巨大なものであった。

現在は、内堀の中の23ヘクタールと、中堀の一部などが残されている。城の北側部分の中堀はすでに埋め立てられているが、城門跡の石垣は良好な状態で残されており、往時を偲ばせている。

姫路城内郭　姫路城の内堀に囲まれた城の内郭部分。江戸中期の史料を用いて描かれている。建物が現存しているのは、丘を利用した部分（イラストでは上半分）だけだが、それでも現存建物の数は、他の城に比べて群を抜いている。（画・香川元太郎　初出・2003年　朝日ビジュアルシリーズ『週刊日本遺産 姫路城』）

向屋敷（三の丸）　藩主の下屋敷（別邸）藩主が公務を離れてくつろぐプライベート空間。広大な敷地の池泉回遊式の庭園と数寄屋造りの御殿がある。

所在地　兵庫県姫路市
築城者　赤松貞範
築城年　貞和2年（1346）
特徴・歴史　現在見られる姿は、江戸時代初期に池田輝政が完成させたもの。西国の外様大名監視のための西国探題が設置された。

戦国時代、豊臣秀吉が大規模修復を行い、姫山の西側にある鷺山も城地として取り込み、名称も姫山城から姫路城へと改めた。

西国外様大名への幕府の防衛拠点

その後、関ヶ原の戦いで戦功をあげた池田輝政が入城し、現在の形の姫路城は完成した。

一門領地も含めると100万石近くに達する池田氏が九年の歳月をかけて築いた城は、家康による大坂の豊臣秀頼包囲の一環であり、同時に西国の外様大名への抑えであった。

姫路城は、遺構が良く残る中心部の内輪曲輪にばかり目が行きがちであるが、むしろ城としての本質は、広大な中曲輪と、さらにその外周の外曲輪である。

西国の外様大名が連合して反旗を翻した場合、幕府は姫路城を拠点にそれらと戦う想定で、数万単位の兵が駐屯し活動できる広い城域を確保したのである。

姫路城の巨大な惣構はほとんどが埋め立てられているが、外曲輪の東側が、わずかに外堀川として痕跡をとどめている。外堀川あたりから天守方向を眺めると、姫路城の本当の巨大さが実感でき、驚かされる。

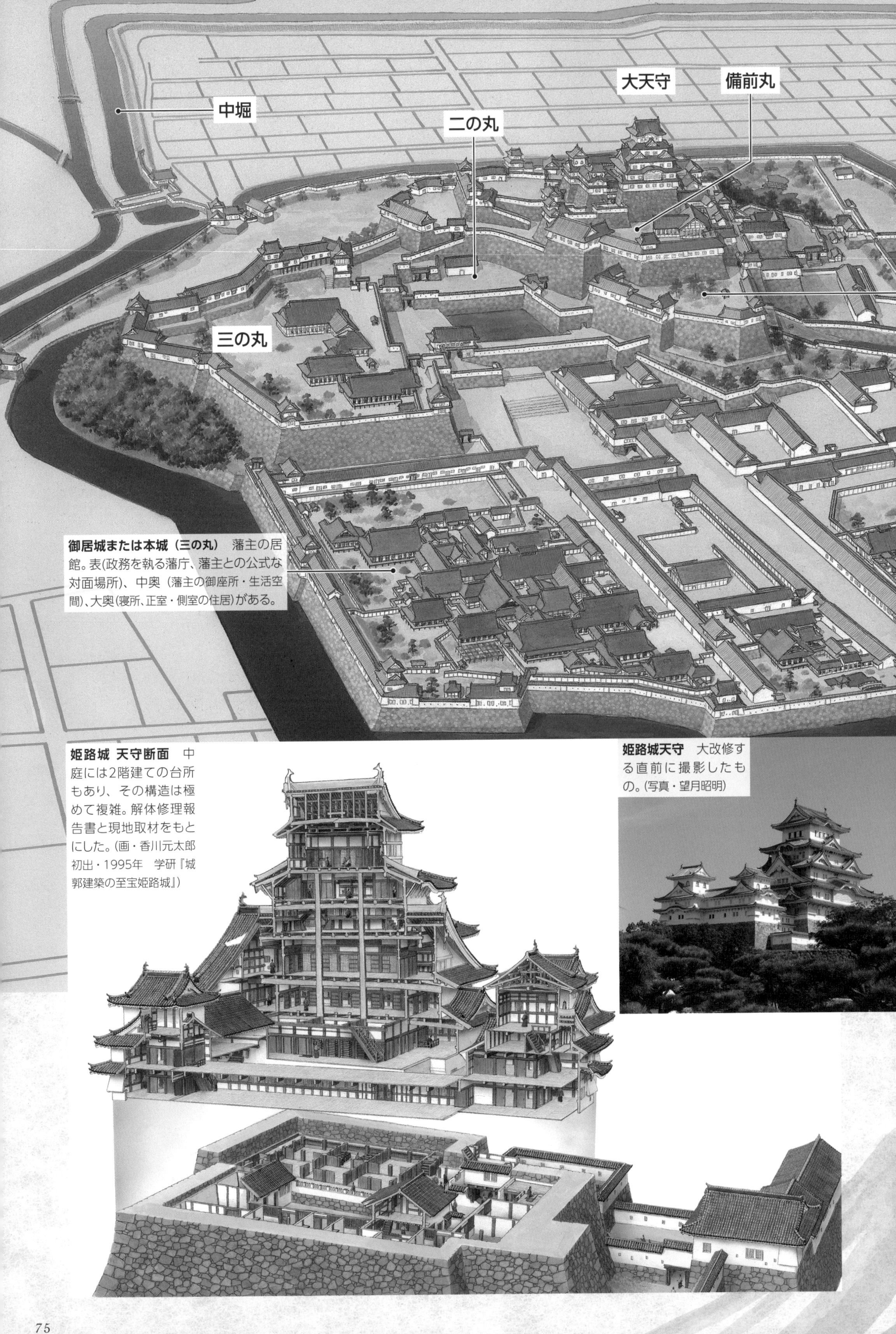

御居城または本城（三の丸） 藩主の居館。表(政務を執る藩庁、藩主との公式な対面場所)、中奥（藩主の御座所・生活空間)、大奥(寝所、正室・側室の住居)がある。

姫路城 天守断面 中庭には2階建ての台所もあり、その構造は極めて複雑。解体修理報告書と現地取材をもとにした。(画・香川元太郎 初出・1995年 学研『城郭建築の至宝姫路城』)

姫路城天守 大改修する直前に撮影したもの。(写真・望月昭明)

鳥居先門（総社不明門）　総社表門の鳥居前の門。祭りのときにのみ開けたとされ、ほぼ閉鎖されているので不明門（あかずのもん）と呼ばれた。他の門が枡形虎口であるのに比べ、この門のみ単純な構造をしているが、木橋であり、有事には落とす前提と思われる。

姫路城鳥瞰　江戸時代の姫路城惣構の全体像。内堀から中堀、外堀へと、堀が渦巻き状に延びる構成となっていることから、渦郭式縄張との呼び方もある。（画・香川元太郎　初出・1997年　世界文化社『日本の城』）

播磨姫路城絵図　姫路城全体の縄張と広さが確認できる。(『日本古城絵図　山陽道之部』より国立国会図書館蔵)

中世山城のエッセンスと、近世城郭の新しい築城術の融合

天空の城 竹田城

山頂に築かれた、曲輪を構成する美しい石垣群。豊臣秀吉が弟秀長に託した南但馬の城の役目とは？

所在地	兵庫県朝来市
築城者	山名持豊（諸説あり）
築城年	嘉吉3年（1443）か？
特徴・歴史	室町時代中期に築かれた山城。織田信長の西国進出に伴い、羽柴秀吉が攻略し支配する。赤松広秀が城主のとき、失領して廃城に。

上空から見た竹田城（国土地理院の航空写真）

竹田城天守台からの景色（写真・望月昭明）

山頂部に忽然と現れる石垣 天空の城・竹田城の美しさ

標高は353メートル。古城山（虎臥山）の山頂に築かれた縄張は、中央の天守台を要とし、本丸、二の丸、三の丸、南二の丸が連郭式に配され、北千畳と南千畳がそれぞれ南北に延びて双翼の形となっている。天守台西方には花屋敷と呼ばれる曲輪があり、直上から見ると、三枚羽のプロペラのような、三菱のマークに似た構造である。

本丸から南千畳を見下ろすと、南二の丸、南千畳と、美しい石垣の列が目に入る。冬季の早朝、運が良ければそれら石垣群が雲海の上に浮かんで見えるだろう。

雲海に浮かぶ風情のみではない。食い違い虎口のシャープな美しさ、枡形が連続する大手口の豪壮さ。山頂にこれだけの石垣を用いているのは、この竹田城が重要拠点として認識されていたからであろう。

この地に最初に築城したのは但馬国守護、山名持豊（宗全）とされる。出石此隅山城の出城として、街道が交わるこの地に、嘉吉元年（1441）から足かけ3年の歳月で完成させたと伝えられる。なお、播磨守護代の太田垣氏が築いたとの説もある。

築城当初は、土塁造りであったようだが、羽柴秀長（この時点では長秀と名乗っていた）、桑山重晴、赤松広秀と続く、豊臣系の城主時代に総石垣になったと考えられている。

総石垣造りの城への改修は長きにわたり、農民が長期間使役された結果、「田に松が生えた」と言われるほど田

竹田城　豊臣政権時代に赤松広秀が完成させ、江戸時代初期に廃城になる。総石垣で完成度の高い織豊城郭。建物は推定で描いた。（画・香川元太郎　初出・1996年　世界文化社『ビッグマンスペシャル　秀吉の城』）

竹田城遠景　(写真・望月昭明)

畑は荒れたとの伝承がある。

天正5年（1577）、織田信長の命を受けた羽柴秀吉の但馬征伐により落城し、秀吉の勢力圏となる。『信長公記』によると、羽柴秀長が城代として入れ置かれたとされるが、秀吉にとって弟の秀長はもっとも信頼できる存在で、秀長を城代にしたことで、秀吉がどれほどこの竹田城を重視していたかが理解できるだろう。

銀山を守る城であり 山陰・山陽と京をつなぐ要地

竹田城は、但馬・播磨・丹波の国境近くにあり、播但街道（但馬街道）と山陰街道により、京と山陰・山陽地方をつなぐ交通の切所である。そしてなにより、城の15キロ南には、日本有数の銀山である生野銀山がある。竹田城を確保することは、秀吉にとっては至上命題であったといえるだろう。

戦況が落ち着くと、秀長の家臣である桑山重晴が城主として入る。さらに、重晴が和歌山城に転封となると、替わって赤松広秀が入り、広秀の時代に竹田城は現在の形となった。

秀吉の天下平定後は、国内では、山城の意味はほぼ消滅し、山城の新規築城や大幅な修築は、国内ではほぼなくなっている。竹田城はその直前に改修が行われているため、中世山城に近世城郭のエッセンスが取り入れられた形で完成し、意図せずして美しさと壮大さを備えた城となった。

生野銀山坑道入口　橋の先に見える坑道は江戸時代のもの。(写真・望月昭明)

第五章

中国・四国・九州の名城のヒミツ

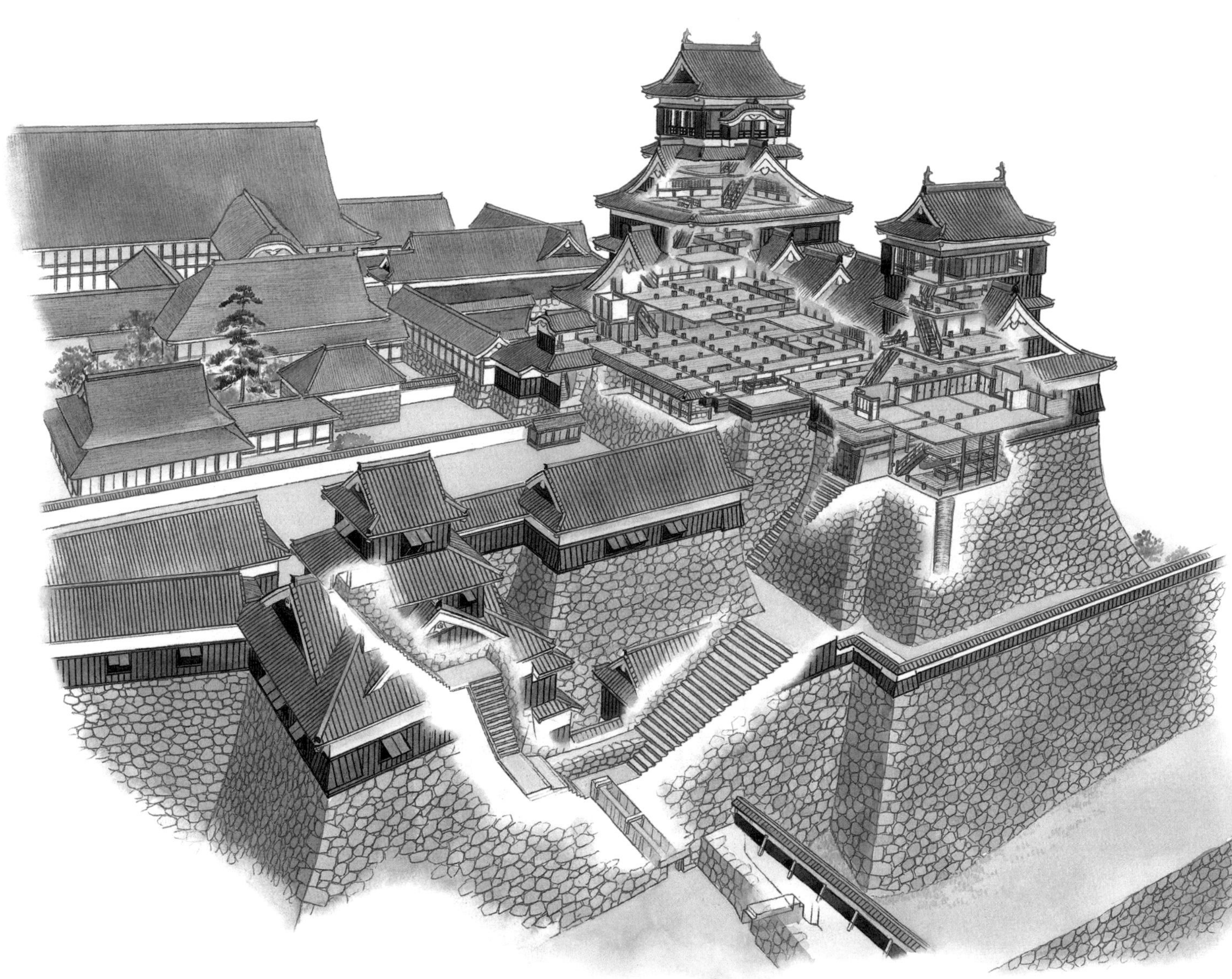

熊本城（香川元太郎）

山陰を代表する巨大な山城

尼子の本城

月山富田城

名族尼子氏が80年もの間拠点とした月山富田城。尼子勝久のお家再興の戦いを阻んだものとは？

所在地　島根県安来市
築城者　平景清
築城年　平安時代末頃
特徴・歴史　守護代の尼子氏の居城。大内、毛利との争いで争奪戦が繰り広げられ、兵糧攻めにより落城。

繰り返される出雲の支配者争い その渦中にある月山富田城

尼子氏の本拠である月山富田城は、過酷なまでに繰り返し戦火にさらされているが、これはそれだけ城が要地にあったということの証左である。

最初にこの地に城を築いたのは、平景清（伊藤景清）とされる。保元・平治の乱の頃、景清が富田荘に来た折、八幡社を移して築城したのが最初と伝えられている。

その後、佐々木道誉（京極氏）が出雲守護の時代は吉田厳覚が守護代として当地を支配し、次に山名時氏が城を奪って支配。

その後、幕府より山名時氏が出雲国守護として認められ、山名満幸の代で目代の塩屋師高が入っている。なお、この頃の山名氏は、全国66か国のうち11か国の守護領国を誇り「六分一殿」と呼ばれていた。

明徳の乱で山名氏が勢力を減退させると京極氏が出雲を支配し、京極氏の守護代として尼子持久が入る。以降80年に及ぶ尼子支配の本拠として、月山富田城は栄華を誇ることになる。

尼子氏の時代に月山富田城はより強固に整備され、難攻不落の要塞として完成する。東方は急峻な山々で守られ、西方は飯梨川を天然の堀としているため、敵軍は容易に近づくことができない。城域に広い平坦地を含む構造で、強襲では落とせない堅城であった。

月山富田城　尼子時代　戦国時代には尼子氏の本拠であり、戦国の山城として屈指の規模を誇る。尼子氏は毛利氏との攻防で次第に圧迫され、月山富田城に籠城するが、1566年、毛利氏の1年以上にわたる兵糧攻めによって開城した。山の複雑な尾根を中心に多数の曲輪が広がるが、中心部は、江戸初期の堀尾氏時代に改修されており、推定の多い復元となっている。（画・香川元太郎　監修・安来市教育委員会　安来市歴史資料館蔵）

尼子・大内・毛利による中国地方の争奪戦

戦国時代に入り、尼子氏は出雲を中心に周辺諸国に進出し、山陰・山陽8か国の大大名として、周防を本拠とする大内氏と中国地方を二分した。

当主尼子晴久が月山富田城内で急死すると、大内氏の勢力を手中にした毛利氏により尼子の領内は蹂躙されることになる。永禄8年（1565）、毛利元就により攻囲を受け、兵糧攻めにより陥落し、尼子家は滅んでしまう。

後に、山中幸盛が尼子勝久を擁立して挙兵。再興軍は、出雲のほとんどを手中にしながら、月山富田城を落とせずに敗退している。尼子氏が本城として堅固な城にしていたことがお家再興を阻んだのだから、歴史とは皮肉なものである。

賤ヶ岳七本槍の加藤嘉明が精魂込めて築いた堅城

戦国最後の城郭建築 松山城

天下の三堅城と評判の松山城。平地の二之丸を守る超絶技術とは？

所在地　愛媛県松山市
築城者　加藤嘉明
築城年　寛永4年（1627）
特徴・歴史　豊臣秀吉の子飼いの武将加藤嘉明が長期間の普請を行って築いた堅城。朝鮮で得た倭城の技術を取り入れるなど、工夫が凝らされている。

豊臣恩顧の外様大名 加藤嘉明が築いた名城

松山城は、豊臣秀吉の家臣、加藤嘉明が築造した。嘉明は、賤ヶ岳の合戦において七本槍の一人として頭角を現し、文禄4年（1595）には伊予の地で6万石を得て松前（まさき）城に入っている。朝鮮の役での戦功により、さらに加増を受け、10万石となる。

関ヶ原の戦いでは徳川家康に味方し、岐阜城攻め、大垣城攻め、関ヶ原本戦で武功をあげ、20万石へと大幅な加増を受ける。慶長7年（1602）に勝山に築城を開始し、松山城と命名。松山の名は、これ以降用いられるようになる。嘉明は、百姓町人のみならず、家臣の婦女子にまで手伝わせる大工事を行い、原型が整うまで19年を要し、その後も普請は続けられた。

豊かで、さらには交通の要衝である松山の地に堅固な城が築かれた。その城主は豊臣恩顧の外様大名である。九州の島津、長門の毛利らといつ結託するかわからない存在の加藤嘉明は、松山城が竣工する直前の寛永4年（1627）、奥州の会津に転封となる。なお、会津に移った加藤家は、二代後にお家断絶とされ領地を没収されている。

その後、松山城には蒲生氏郷の孫の忠知が入り、松山城はこの時に完成している。しかし、忠知は在城7年で病没し、やはり蒲生家も断絶とされる。

親藩の松平定行が伊予松山城を与えられる

完成前から天下の三堅城との評判であった松山城には、最終的には徳川の親藩伊勢桑名城主松平定行が15万石で入り、14代を重ねて明治維新を迎えている。なお、定行の父の定勝は家康の異父弟であり、幕府にとっての信頼感は、加藤嘉明とは天地ほども違う立場である。

平山城に分類される松山城は、標高約132メートルの勝山に、三重三階地下一階の天守がその偉容を誇っている。二之丸から本丸までの比高は約90メートル。山の高さとしては、姫路城の3倍もあり、江戸時代には山城として分類されることもあった。

登り石垣　敵の山腹からの侵入を防ぐため、山麓の曲輪と山頂の本丸を、斜面を登るように築いた2本の石垣で連結させている。朝鮮での倭城で採用されていた技術。

松山城 創建時　伊予松山城は、加藤嘉明により築城され、蒲生氏が完成させた。幕府隠密による探索の記録も資料として、二之丸が完成間近の蒲生期の状況を推定復元した。近年、絵図の新発見や再検討、発掘調査などの研究が進み、これまでのイメージとは異なる創建時の姿が明らかとなってきた。（画・香川元太郎　初出・2018年『歴史群像 147　2月号』　愛媛県歴史文化博物館蔵）

南北に長い山頂部に本丸を築き、全周を石垣で囲み、北側に天守群を置いている。山麓の二の丸と、水堀で囲まれた三の丸で構成され、その周囲に城下町が発達している。

特徴的なのは、ふもとの曲輪と山頂の本丸とを連結させている、斜面を登るように築かれた石垣である。これは、朝鮮出兵の際に、遠征軍が倭城の築城で用いた手法とされ、朝鮮に出征した加藤嘉明ならではの工夫である。

武家諸法度により新規築城が制限されたため、桃山風の城郭建築としてはこの松山城が最後に築かれた城ということになる。

松山城天守　安政元年（1854）に復興されたもの。小天守と櫓は昭和に入っての木造復元。（写真・望月昭明）

妄想的野心に燃えた、秀吉晩年の城

天下人の悪夢の残滓　名護屋城

太閤秀吉が築いた大坂城に匹敵する規模の巨城だった名護屋城。その巨大な軍事基地の全貌がここによみがえる。

所在地	佐賀県唐津市
築城者	豊臣秀吉
築城年	文禄元年（1592）
特徴・歴史	豊臣秀吉の朝鮮出兵（文禄・慶長の役）の前線基地として築かれた城。秀吉の死と朝鮮からの撤兵以降は用いられず、破却されている。

天下人豊臣秀吉の生涯最大の愚行・朝鮮出兵

豊臣秀吉の愚行中、最大のものとされるのが、朝鮮への出兵である。

秀吉の朝鮮侵攻は、全国の諸大名を動員しての、戦国史上最大級の軍事行動であった。その司令本部兼兵站基地として築かれたのが、名護屋城である。

城が使われていたのは、秀吉が朝鮮を攻めていた時代のみ。全国の諸大名が兵を連れて滞陣し、その兵を目当てに物売りや遊女、様々な人間が集まり、まるで京の都がこの地に引っ越してきたような賑わいを見せ、一説に30万人がこの地に集まっていたとされる。諸大名の陣も、それぞれが城館レベルのもので、全国の大名が肥前名護屋に集まった姿は、さぞや壮観な眺めであったと思われる。

完全に破却された巨大城郭・名護屋城

名護屋城は、玄界灘に面する波戸岬の、標高87メートルの垣添山（勝男山）を本丸として建築された。東西両脇に名護屋浦と串浦を持ち、水運を活用するにはかなりな好立地である。

戦時に築かれた臨時の陣城であるにもかかわらず、土塁ではなく石垣を組み、五重七階の天守を本丸に置き、多数の曲輪を配置したその城郭は、同時代の城の規模としては大坂城に次ぐものであった。『菊亭家記録』には「名護屋之御要害天守以下聚楽ニ劣ル事ナシ」とあるが、規模といい豪華さといい、まさに太閤の城として築城された「本気」の城であった。

城郭は本丸を中央に置き、その周囲に二の丸、三の丸、東出丸、弾正丸を配し、一段下がった東側に遊撃丸、水手曲輪を置き、最下段には台所丸などを配している。

秀吉の死後、名護屋城は徳川幕府に

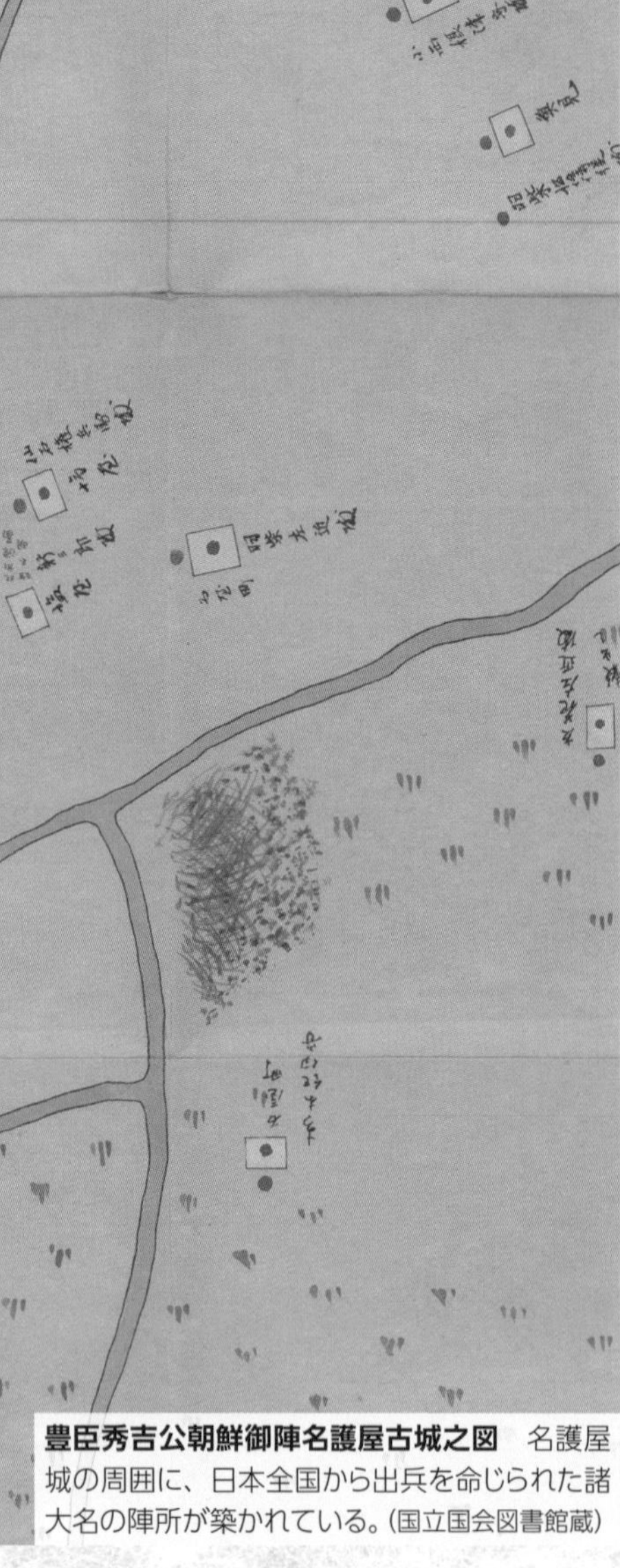

豊臣秀吉公朝鮮御陣名護屋古城之図　名護屋城の周囲に、日本全国から出兵を命じられた諸大名の陣所が築かれている。（国立国会図書館蔵）

より、破却され、島原・天草一揆後には、本丸の基礎までもが完全に破壊されてしまう。これは、一揆などに利用されないための対策で、その結果、残念ながら名護屋城の城跡はほとんど残されていないのである。

　現在は跡地の中心部が壱岐水道を展望できる公園となっており、石碑などがあり、周囲には教育委員会によって発掘された陣屋跡が並んでいる。

名護屋城・陣所の石垣　破却された名護屋城と陣所の石垣が、今も各所に残されている。（写真・橘右近）

名護屋城大手門　二層の豪壮な門が登城する諸大名を威圧した。

名護屋城天守　5層7階、25〜30メートルほどの天守が建てられていたとされる。高台の本丸上の天守からは、海上はるか先まで見通すことができた。

名護屋城一帯　肥前名護屋城は、豊臣秀吉が起こした朝鮮出兵の、日本での本陣となった城。周辺には、出兵する大名たちがそれぞれに陣城を設け、一大軍事基地が出現した。半島部を南東から見る。（画・香川元太郎　初出・1996年　世界文化社『ビッグマンスペシャル秀吉の城』）

加藤清正が築いた、過剰なまでに防御機能を備えた城

名城中の名城 熊本城

櫓の数、石垣の高さ、精緻で考え抜かれた縄張 過剰な籠城対策は、何のために用意されていたのか。

熊本城のある地に最初に城を築いたのは九州の名族、肥後菊池氏の一族出田秀信といわれ、茶臼山の東端に築いた千葉城が、熊本城の前身とされる。城を築いた時代は文明年間（1469～87）頃と考えられているが、はっきりとはしない。なお、現在では千葉城町と城下の地名にのみその名残りがある。

その後、大友氏や島津氏の支配地になった時代もあるが、豊臣秀吉が九州を平定すると、佐々成政が肥後一国の主となる。しかし、成政は一揆発生の責を負って切腹し、後任として肥後の北半分は加藤清正に与えられ、清正は天正16年（1588）より肥後半国を統治している。

所在地	熊本県熊本市
築城者	加藤清正
築城年	慶長11年（1606）
特徴・歴史	加藤清正が築いた戦国時代を代表する城郭。多数の櫓を持ち、急こう配の石垣、考え抜かれた複雑な虎口と、防御能力の非常に高い城である。

肥後一国の国主 加藤清正の心意気

清正は、千葉城のあった茶臼山丘陵の全体を城とすべく、ほぼ新規築城に等しい城普請を行っているが、朝鮮に渡海していた時期もあり、城普請は停滞した。

関ヶ原の戦いの後、家康より肥後一国52万石を与えられ、ようやく本格的な普請がはじまり、慶長11年（1606）に城は完成する。

清正はその後も改修を行い、熊本城はさらに防御力を高めている。

熊本城には、大天守以外にも小天守、飯田丸五階櫓、宇土城の天守を移築したとされる宇土櫓など、数十万石クラスの大名の城であれば天守扱いとされてもおかしくない櫓が8つもあった。さらに、大きく反り返った急勾配の石垣や、複雑で立体的な火力集中ができる縄張など、熊本城は徹底的な籠城対策が取られている。多くの研究者が指摘しているが、これらはどれも豊臣秀頼を迎え入れることを想定してのものであったと思われる。熊本城の本丸御殿大広間には昭君の間と呼ばれる特別なあつらえの格式の高い部屋があった。これも豊臣秀頼を迎えるための用意であったと思われるが、ここに秀頼が入ることはなかった。

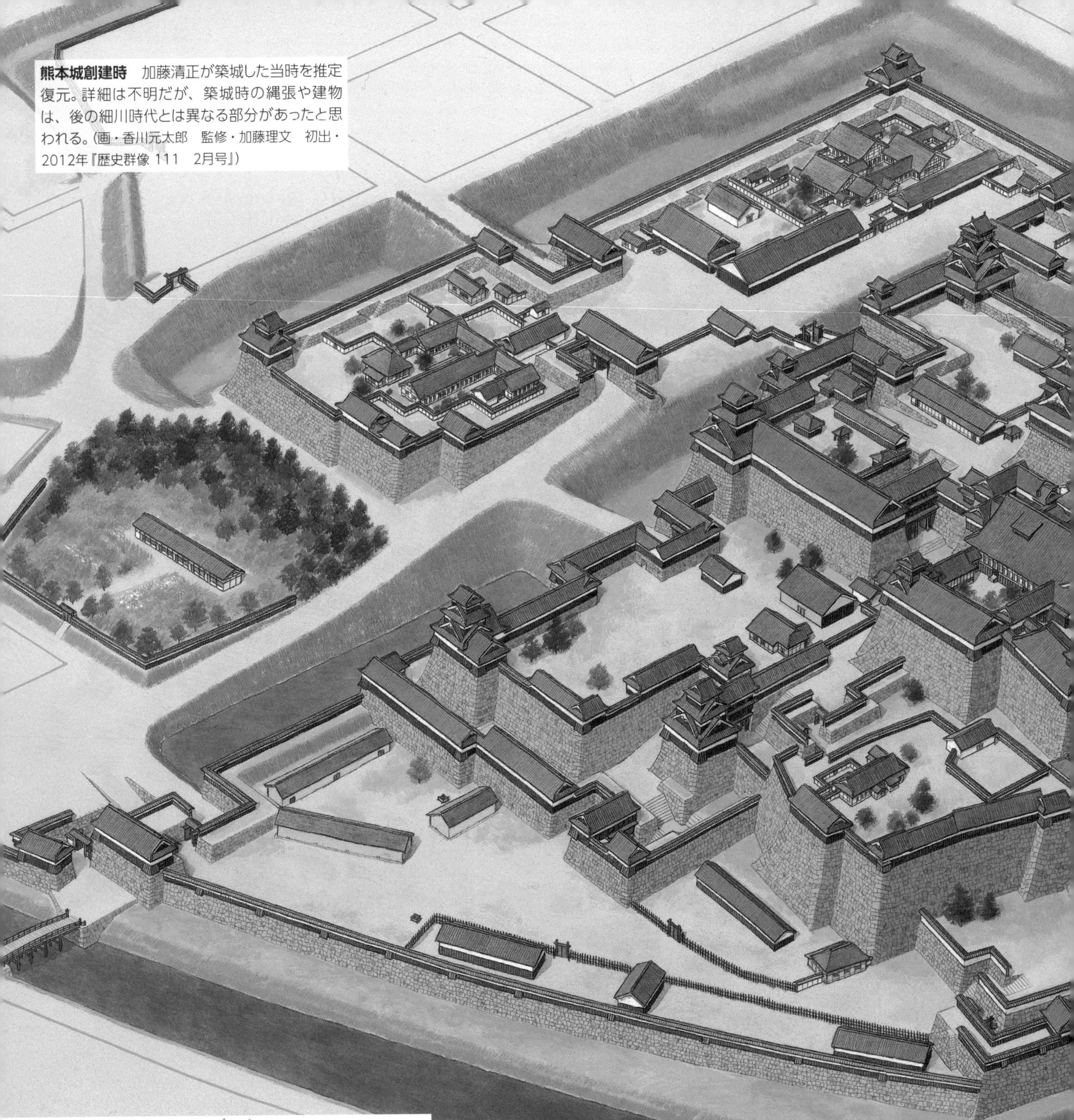

熊本城創建時　加藤清正が築城した当時を推定復元。詳細は不明だが、築城時の縄張や建物は、後の細川時代とは異なる部分があったと思われる。（画・香川元太郎　監修・加藤理文　初出・2012年『歴史群像 111　2月号』）

熊本城本丸　熊本城の本丸と天守内部を、北東から見る。手前は、本丸北の一角にある通路で、狭い地下道を経て本丸北の空堀に抜けることができる。（画・香川元太郎　初出・1997年　世界文化社『日本の城』）

明治時代の熊本城　（『日本之名勝』より　国立国会図書館蔵）

清正は、慶長16年（1611）の秀頼と家康の二条城での会見に立ち会い、その帰国途中に病に倒れ、そのまま熊本城で亡くなり、秀頼はもっとも頼れる後ろ盾を失った。

王の居城であり、王朝の政治・外交・文化の中心

琉球王府 首里城

曲線が多用される白い石垣の琉球のグスク。その美しさの秘密は、文化の違いに加え、地質の違いにあった！

所在地	沖縄県那覇市
築城者	伝承では尚巴志王
築城年	1420年頃
特徴・歴史	琉球の按司と呼ばれる豪族が築いた城をグスクと呼ぶ。琉球王国の国府である首里城は、グスクの代表的存在である。

琉球の城・グスクは聖なる空間・ウタキを抱く

琉球王国では城をスク・シク、またはグスク・グシク（御城）という。グスクは、軍事上の城という要素だけではなく、信仰の聖地・祈りの場としての意味が強い宗教的施設でもある。

石垣で囲まれた聖なる空間は御嶽（うたき）と呼ばれ、村落・集落における共同の祈りの場であるとされている。沖縄の古城跡には、神への祈りの場である拝処・御嶽が必ずあるのだが、首里城もその例外ではない。首里城は、軍事・政治の中心であり、同時に琉球王家が祭祀を行う重要な宗教施設の一つでもあった。

琉球では、農耕が発展した頃から豪族のような層が生まれ、「按司（あじ）」と呼ばれるようになるが、彼らは13世紀頃からグスクを築いて、地域を支配するようになった。

美しい白い石垣で築かれた琉球王朝の首府・首里城

首里城は15世紀に沖縄を統一した按司の尚巴志が築いた城である。1420年頃に尚巴志王（第一尚氏王統の初代国王）が築城したとされるが、記録として確認できる最初の城主は、尚円王（第二尚氏王統初代国王・第7代琉球国王）であり、現在の縄張がおおむね完成したのは、尚円王の子尚真王と、孫の尚清王の治世（1477〜1555）においてである。

琉球のグスクには、サンゴ礁が石化した白い石灰岩（琉球石灰岩）の石垣が多くみられるが、石垣の多用は本土よりも早く、曲線を多用するなど本土とは異なる独自の発展を遂げている。

特に、沖縄本島の中南部では、琉球石灰岩が多く産出し、首里城にも用いられている。琉球石灰岩は加工がしやすい上に、その白さが美しいため、王

首里城　琉球王朝の中心。沖縄を統一した琉球王朝が新たな本城として築城。イラストは江戸時代の状況を復元。サンゴの石灰岩による白い石垣は、他の多くのグスクにも見られる。（画・香川元太郎　初出・2003年　PHP研究所『名城を歩く』14）

美しい曲線的な石垣が、琉球のグスクの特徴の一つである。

城である首里城にはうってつけの石材であった。

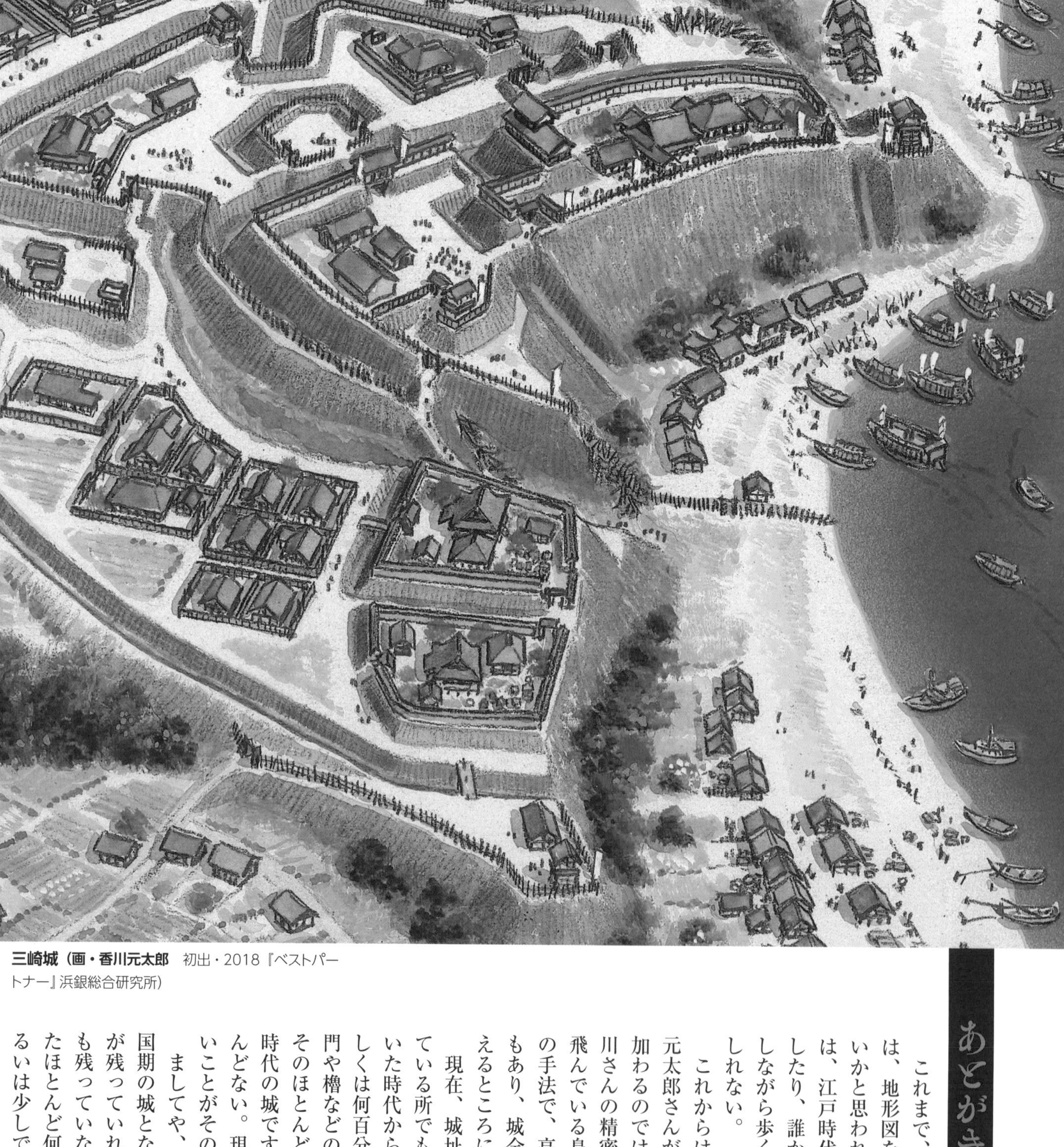

三崎城（画・香川元太郎　初出・2018『ベストパートナー』浜銀総合研究所）

あとがき

小和田哲男

これまで、城を歩くとき、多くの人は、地形図を手に歩いてきたのではないかと思われる。さらに、人によっては、江戸時代に描かれた城絵図を準備したり、誰かが描いた縄張図を参考にしながら歩くという場合があったかもしれない。

これからは、さらにもう一枚、香川元太郎さんが描く精密復元イラストが加わるのではないかと考えている。香川さんの精密復元イラストは、上空を飛んでいる鳥の目線、すなわち鳥瞰図の手法で、高低差だけでなく、遠近感もあり、城全体をダイナミックにとらえるところに特徴がある。

現在、城址公園としてよく整備されている所でも、城が城として使われていた時代からみれば、何十分の一、もしくは何百分の一にすぎない。特に、門や櫓などの建造物についていえば、そのほとんどが明治以後壊され、江戸時代の城ですら、残存する建物はほとんどない。現存天守が全国で12しかないことがそのことを示している。

ましてや、織豊期、さらに遡って戦国期の城となると、空堀や土塁、石垣が残っていればいい方で、ほとんど何も残っていないところも多い。そうしたほとんど何も残っていない城跡、あるいは少しでも残っている城跡に立っ

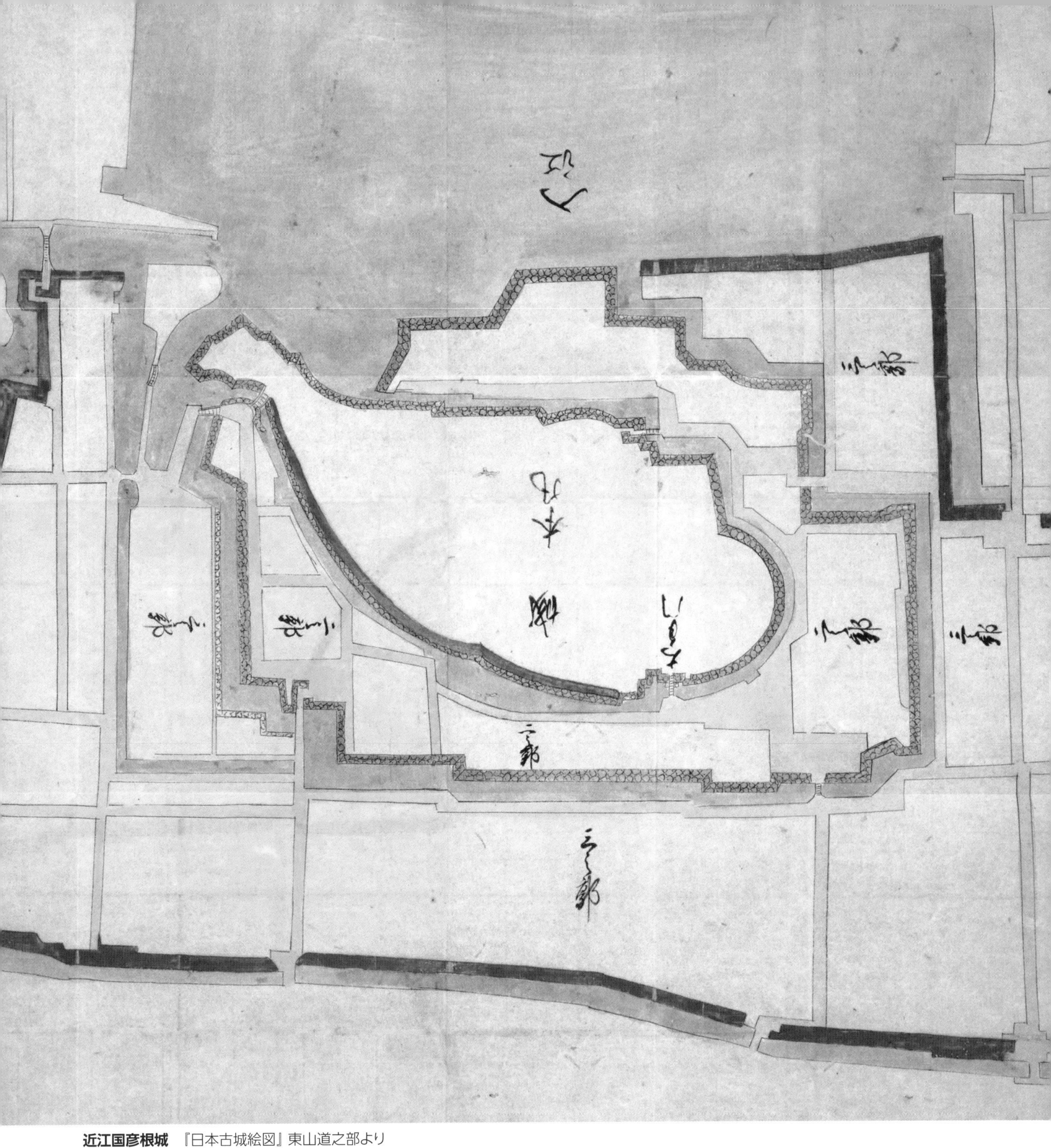

近江国彦根城　『日本古城絵図』東山道之部より
(国立国会図書館蔵)

たとき、そこにどのような建造物があり、どのような空堀や石垣などがあったのかを想像することになるが、その想像を手助けしてくれるのがこの精密復元イラストである。

香川さんは、古絵図などを参考にしながら、また、何度も現地へ足を運んでかつての城の姿を再現している。鳥瞰図なので、地形全体をつかむことができる。地形図だけでは見えてこない城周辺の自然環境などが見えてくる。なぜ、そこに城が築かれたかを考えていく上で、この視点は不可欠である。

また、鳥瞰図なので、それぞれの城の縄張の特徴も一目瞭然である。なぜ、その城が名城といわれるのか、この精密復元イラストが解き明かしてくれているといってよい。

なお、私自身、城とともに城下町も研究対象としていることもあり、本書に城下町がいくつか描かれていることにも注目している。城と城下町は一体化していたととらえているからであるが、本書は、城下町歩きの手引きにもなるのではないかと考えている。

現在、江戸時代の天守や櫓・門など建造物の残る城も、江戸時代にあった建造物のほんの一部にすぎない。往時、どこにどのような建造物があったのか、本書を片手に改めて名城を訪ねたらいかがだろうか。新しい発見があるかもしれない。

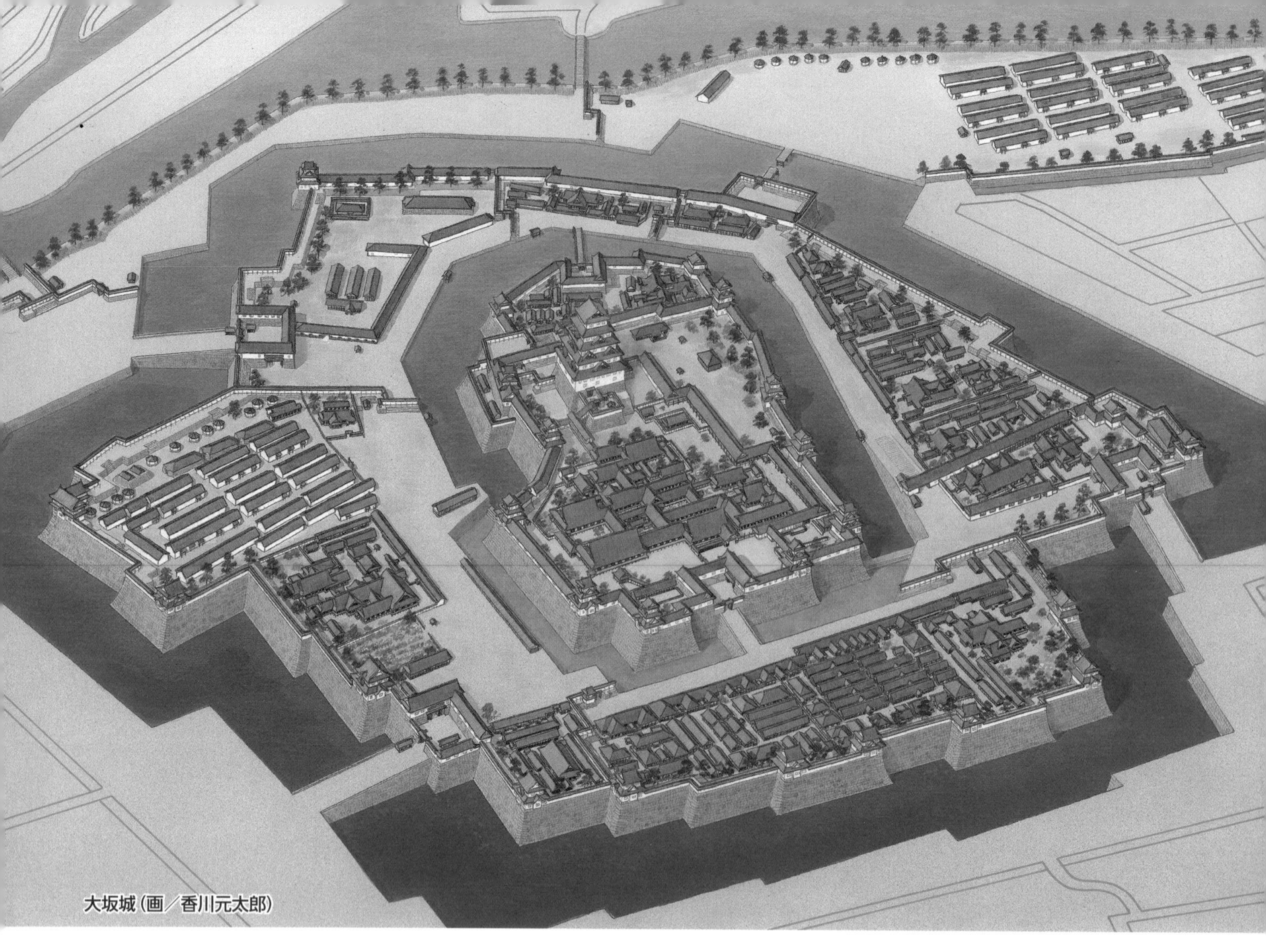
大坂城（画／香川元太郎）

監修／小和田哲男（おわだ・てつお）

1944年、静岡県生まれ。静岡大学名誉教授。専門は日本中世史、特に戦国時代史。（公財）日本城郭協会理事長、岐阜関ケ原古戦場記念館館長を務める。1972年、早稲田大学大学院文学研究科博士課程修了。2009年、静岡大学を定年退職。2023年のNHK大河ドラマ『どうする家康』で時代考証を担当している。趣味は城めぐり、地方のおいしい料理と日本酒を楽しむこと。主な著書に『戦国城郭に秘められた呪いと祈り』（山川出版社）、『中世城郭史の研究』（清文堂出版）、『家訓で読む戦国 組織論から人生哲学まで』（NHK出版新書）など多数。

イラスト／香川元太郎（かがわ・げんたろう）

1959年、愛媛県生まれ。武蔵野美術大学大学院日本画コース修了。東宝舞台株式会社に就職。城のイラストが注目を集め、歴史考証イラストレーターとして独立。歴史雑誌や教科書などに多数の歴史考証イラストを描く。かくし絵・迷路制作でも定評があり、著書の迷路絵本（『時の迷路』ほか18冊・PHP研究所）はシリーズ累計300万部超のベストセラー。他の著書に『日本の城 透視&断面イラスト』（世界文化社）、『かずの冒険 野山編』（小学館）、『ワイド&パノラマ 鳥瞰・復元イラスト 日本の城』（ワン・パブリッシング）などがある。2023年日本城郭文化特別賞受賞。

精密復元イラストでわかった
名城のヒミツ

2023年8月4日　第１刷発行

監　修　小和田哲男
イラスト　香川元太郎
発行人　蓮見清一
発行所　株式会社宝島社
〒102-8388　東京都千代田区一番町25番地
電話　営業：03-3234-4621
編集：03-3239-0927
https://tkj.jp
印刷・製本　サンケイ総合印刷株式会社

ISBN 978-4-299-04509-6

企画・執筆／森岡知範
装丁／妹尾善史（landfish）
編集／小林大作、中野緑子
本文デザイン&DTP／株式会社ユニオンワークス